EL ÚLTIMO HOMBRE
HOMBRE
Una meditación en el desierto

Ángel Barahona
Isidro Catela

Madrid 2025

Serie Presea

Colección *Universidad Francisco de Vitoria*
Serie *Presea*

Ilustración portadilla y portada: rawpixel.com
Imagenes portadillas: Evgeni Tcherkasski, Alice Alinari y Johannes Plenio, en Unsplash
Imagen portada: A. Barahona

Diseño de cubierta: Editorial UFV

Primera edición: noviembre de 2025
ISBN edición impresa: 979-13-87731-57-1
ISBN edición digital: 979-13-87731-58-8
Depósito legal: M-24329-2025

Preimpresión: Editorial UFV

Índice

INTRODUCCIÓN

Una de las experiencias que no dejan indiferente a ninguno de los peregrinos que van con la UFV a Tierra Santa es la del desierto de Judea. Habitualmente ubicado al final de la peregrinación, el paso por el desierto supone una suerte de síntesis de todo lo vivido en los intensos días anteriores. Partimos aquí de esa misma experiencia para adentrarnos "en aquel desierto" y al mismo tiempo en el reconocible desierto de cada uno. Tratamos de hacerlo de una manera rigurosa y a la vez divulgativa, y en forma de breve meditación, para —tal y como se realiza en Tierra Santa— cualquiera, tenga la experiencia de fe que tenga, pueda entrar, sin prejuicios incapacitantes, en el lugar que se propone.

En algunas de las peregrinaciones que hemos hecho, han coincidido en el mismo día las experiencias del Vía Crucis, por las calles de la vieja Jerusalén, en la mañana, y el retiro al desierto, antes de caer el sol. A menudo, en aquellas calles se cruzan indiferentes (e incluso molestas), personas que abren y cierran sus tiendas o arrastran mercancías, zigzagueando entre las estaciones que los peregrinos vamos atravesando, camino de la cruz. Entonces, quisiéramos decirle al mundo aquel famoso "¿por qué no te callas?". Al atardecer, sin embrago, solos ante el peligro del silencio, ya en el desierto, lo que quisiéramos gritarle es más bien que por qué se ha callado, que por qué nos ha dejado a la intemperie, con la incomodidad que supone tener que confrontarse con uno mismo y hacerse alguna que otra pregunta esencial, de las que a menudo hemos dejado sepultadas bajo el ruido. Al fin y al cabo, no es más que otra versión de aquella interpelación que Blaise Pascal nos hizo, allá por el siglo XVII, cuando en sus Pensamientos (136) escribió "toda la desgracia del hombre proviene de no saber quedarse tranquilo en una habitación". Nos serviría para nuestro desierto del siglo XXI, donde uno de los tesoros más cotizados es la atención sostenida.

Cuando el mundo parece haberse detenido, cuando nos hemos alejado del mundanal ruido, cuando nos hemos quedado quietos, comienza, paradójicamente, la inquietud interior, la batalla del Amor que cada uno ha de librar para resistir a las tentaciones, y a los comunes cantos de sirena que todos conocemos. El desierto se nos presenta así, no como una "fuga mundi", un lugar al que escapar, en el que evadirse, en el que olvidarse de sí, sino como una batalla, una promesa y un tesoro: una batalla, esencialmente espiritual, porque el desierto es un lugar de prueba; una promesa porque ahí, en el lugar de la aridez por excelencia, en ese lugar de aparente desolación, Moisés se encuentra con Dios (la zarza ardiente, Éxodo 3: 1-6) y recibe la promesa de liberación de su pueblo; y un tesoro que hay que encontrar y saber reconocer, cuando el paso por el desierto y la transformación interior se hayan producido. En medio de lo inestable, donde todo muda y nada deja huella, el tesoro permanece (¿en una cueva en medio del desierto?). Es algo así como ese bellísimo emblema de los cartujos, con la inscripción latina "Stat crux dum volvitur orbis": la cruz permanece mientras el mundo gira. Sólo podemos intuir y esbozar aquí la enorme riqueza que suponen los eremitorios cristianos, el habitar el desierto de los monjes, pero, aunque sea de manera breve y sugerente, nos sirve para comprender la novedad radical que implica el cristianismo en el uso de esta fórmula universal. Esta forma de vida en el desierto, que no se ajusta a los tópicos de la filosofía de la sospecha.

El desierto es aridez, no cabe duda. Pero no solo es eso. En 1994, Mauro Prosperi, un atleta italiano que participaba en el Maratón de las Arenas, una de las carreras más exigentes del mundo, se perdió mientras cruzaba el Sahara. Una tormenta de arena bastó para que perdiera el rumbo y la orientación. Vagó nueve días, solo, sin agua ni comida, bajo un sol de justicia. Deshidratado y al borde de la muerte encontró su oasis particular en las ruinas de un antiguo santuario abandonado, donde bebió el agua de los murciélagos. Con eso, con su propia orina y con algunos insectos, sobrevivió milagrosamente. Ya recuperado, en las entrevistas que concedió a diversos medios de comunicación, una constante aparecía una y otra vez: el desierto fue su maestro de vida. En ese icono cinematográfico que es "Lawrence de Arabia", los protagonistas lo expresan de similar manera, en una tensión que parece paradójica; "el desierto no es amable con la carne", dice Sherif Ali. "Amo el desierto. Es limpio", dice el propio Lawrence.

En este camino de prueba, la gran alegoría nietzscheana del último hombre se nos revela idónea. El filósofo alemán presenta al "último hombre", en Así habló Zaratustra (1883) como una figura simbólica del ser humano que renuncia a la grandeza y a mirar a lo alto, para conformarse con una vida cómoda, sin riesgos, ni sacrificios, ni desiertos de ninguna clase. Ese último hombre, de mirada alicorta, busca el placer inmediato y la seguridad; su capacidad de asombro queda agostada y la cuestión de la búsqueda de sentido no aparece en su horizonte.

¿Cómo no ver en esta alegoría la huida del hombre contemporáneo, sufriente camino del posthumano? ¿Cómo no atisbar la pregunta acerca de qué queda de lo humano cuando la única inteligencia que parece reivindicarse es la Artificial (como si esta no fuera también humana)? ¿Cómo no pisar en este desierto el humus de una sociedad, en ocasiones literal y dramáticamente dispuesta a lanzarse del alero? Solo en España, las cifras que no dejan de crecer, nos hablan de 11 suicidios al día, 4000 al año. En el mundo se suicidan, anualmente, 700.000 personas. Ante ellas, la voz que clama, en el silencio, en el desierto, en la oración.

En esta travesía vamos a ir, con un punto de provocación, de la mano de algunos de los "sospechosos habituales" o, como suele decirse, de los "maestros de la sospecha". En la primera tentación, dialogaremos con Marx; en la segunda, con Freud, y en la tercera con el último hombre nietzscheano. Haremos una lectura actualizada de uno de los pasajes más provocadores y desatendidos, tal vez, de las interpretaciones que se han hecho del Evangelio. Escrito en un lenguaje atemporal, que recuerda los Cuentos de las mil y una noche, que parece desacreditar su profundidad y la sabiduría que esconde, es uno de los relatos más sutiles y citados de la literatura universal gracias a Fedor Dostoievski, C.S. Lewis, Fulton J. Sheen, Giovanni Papini, Fabrice Hadjadj y tantos otros.

"El último hombre. Una meditación en el desierto" es, pese a los tiempos recios que atravesamos y pese a la dureza del terreno que vamos a pisar, un canto esperanzado. Esperanza que no es resignación, ni "ahora no, pero en el futuro sí", sino un "ya sí, pero todavía más". Canto esperanzado porque no es tiempo de lamentaciones estériles. El runrún del lamento constante nos carcome y, a menudo, no nos deja oír, en nuestro interior, el canto que está queriendo nacer. Volvamos al desierto como los primeros monjes se fugaban del mundo, no para huir de él, sino para tomar conciencia urgente de su insuficiencia. Volvamos al desierto como quien vuelve a casa, a encontrarse con su "último hombre" y presentarse ante al padre que está deseando abrirle los brazos al hijo pródigo. Vuelve tú al desierto, reconócelo, y comienza meditando estos versos de T.S Elliot en "La tierra baldía":

66 ¿Qué raíces se aferran, qué ramas crecen de estos
escombros pedregosos? Hijo del hombre,
no puedes decirlo, ni adivinarlo, pues solo conoces
un montón de imágenes rotas, donde golpea el sol,
y el árbol no da cobijo, el grillo no consuela,
y la piedra seca no suena con el agua? 99

PRIMERA
TENTACIÓN

«Si eres Hijo de Dios, di que estas
piedras se conviertan en pan»

(Mateo 4:3-4)

En una escena de la premiada película "The whale" (2022), la historia, cargada de negrura, de un hombre obeso que trata de lidiar con su salud y con la deteriorada relación que tiene con su hija, esta le espeta: "Eres repulsivo. ¿Crees que puedes seguir así, comiénd(te) hasta morir?".

Para no caer nosotros mismos en la primera tentación de una mirada simplista, diremos que esto no va de comida, o al menos no va solo de eso. Afinaríamos más si levantáramos la mirada y lo pusiéramos en relación con el "vanitas, vanitatis" del Eclesiastés. ¡Ay, vanidad de vanidades, todo es vanidad! O no solo de *likes* vive el hombre. Claro que necesitamos comer, pero ni somos lo que comemos, como repiten hoy tantos libros de autoayuda (oxímoron para vender más), ni es eso todo lo que necesitamos para vivir.

Caer en la tentación de pensar que todo se resolvería convirtiendo las piedras en pan, significaría aceptar la reducción del hombre a una cosa entre las cosas.

Cosa que, además en nuestro tiempo, podemos tener a golpe de clic en la puerta de casa, antes de que acabe el día, con solo estar suscritos a Amazon Prime. Ingrid Michaelson, una cantante y compositora estadounidense, híbrido curioso de pop, indie y folk lo canta con precisión cuando, en "The way I am" dice "If you were falling, then I would catch you / You need a light, I"d find a match" ("Si estuvieras cayendo, yo te ataparía / Si necesitas una luz, encontraría una cerilla"), para luego resistir elegantemente a la tentación "But I won"t change myself just to fit your shoes" ("Pero no me cambiaré a mí misma solo para encajar en tus zapatos").

Lo de cosificar al otro y entenderle solo como un medio, o como kleenex, cosa que además es de usar y tirar, ha sido un clásico entre los más variados pensadores a lo largo de la historia. Nosotros vamos a tirar del hilo conductor de Marx para transitar por esta primera tentación.

Una de las propuestas nucleares del marxismo en sus múltiples versiones es la reducción simplificadora del ser humano a mera materia maleable. El diagnóstico de la realidad que hace el marxismo manifiesta claramente, si se esquematiza, la universalidad de las tentaciones de Israel y de Jesús en el Desierto, y de todo hombre en sus desiertos cotidianos. La creencia de que la vida depende del pan exclusivamente es lo que hace que la propuesta del marxismo pase por un proceso revolucionario, acorde con el materialismo fundante, que trate de devolver las cosas a una situación de justicia originaria. Benedicto XVI lo explica y lo resuelve muy bien cuando, en el número 68 de "Cáritas in veritate" nos recuerda que "el hombre no es solo una realidad económica, social o cultural; es también un ser espiritual, que no puede ser reducido a su dimensión material. Su dignidad no se deriva de su eficiencia o productividad, ni de su capacidad de consumo, sino de la misma realidad del ser humano, creado a imagen y semejanza de Dios. Reducir al hombre a una dimensión puramente material es negar su dimensión espiritual y su destino eterno".

Parece obvio, claro y superado, mas no es así. El problema a la hora de reconocer el éxito del marxismo, con su llevar al hombre a esta reducción antropológica, es que se ha difuminado tanto con el paso del tiempo que nos parece obsoleto. Algunos, incluso, lo creen muerto, pero esto está lejos de ser así. El capitalismo triunfante se ha dado demasiada prisa en levantar el acta de defunción del marxismo, sin advertir que él, desde otros presupuestos antropológicos, se mueve en la misma órbita del absolutismo del pan. Tras la máscara desgastada de las plasmaciones históricas fracasadas, aparecen las mil caras del prisma del marxismo redivivo adaptado a los nuevos tiempos.

La sociedad capitalista global ha realizado las promesas más importantes del marxismo. A pesar de haberlas distorsionado son fáciles de reconocer: en la globalización ha realizado el internacionalismo en contra de las naciones, aunque ahora se vuelva nacionalista y populista para sobrevivir camaleónicamente en los distintos parlamentos locales; en la uniformidad y en la homogeneización ha logrado su ideal del igualitarismo y nivelación universal, adaptando ahora esa pretensión a las tendencias de neutralización de las diferencias sexuales; en el dominio global del mercado se reconoce la primacía mundial de la economía planteada por Marx; en el ateísmo práctico y en la irreligiosidad se ha realizado el ideal de sociedad laicista y atea que propugnaba; su crítica de la religión como alienación, reduciéndola por las políticas progresistas a su uso privado ha obtenido un éxito inusitado; en la primacía de las relaciones materiales, prácticas y utilitarias respecto a los valores espirituales, morales y tradicionales, se ha realizado el materialismo dialéctico: todo es competencia, rivalidad, solo que las clases se han metamorfoseado en grupos de poder, colectivos de reivindicación de algún tipo reconocido de sentimientos victimistas; la liberación de la esclavitud de la producción se ha realizado en el prometeísmo marxista en la esfera individual más que en lo colectivo; la sociedad anómica y permisiva, anarquista, que se intuye en *El manifiesto comunista*, se ha encarnado en la disolución de los lazos familiares y del matrimonio: se proclama por doquier el fin de la "familia cristiana", preconizada en *Los orígenes de la familia cristiana;* la primacía de la praxis marxista predomina sobre el pensamiento actual en forma de pragmatismo posmoderno. En fin, la utopía prometeica tiene una versión modesta en la propuesta de un *comunismo débil*. Vattimo es el adalid de esta versión, en la que la vivencia de un capitalismo insatisfactorio, frustrante en sus expectativas deja al hombre posmoderno sin asistencia. Ese retorno al comunismo débil se ve como una salida honrosa para el hombre del futuro: "desde un mundo en que el desarrollo nos está estrangulando empezamos a percibir la necesidad de un comunismo exento del mito del desarrollo y que no aspire a instaurar una economía socialista garantizada "científicamente".

Para un marxista clásico tal vez sea ingenuo decir "que no sólo de pan vive el hombre", pero es absolutamente cierto. En las sociedades en las que los valores del marxismo se han plasmado exitosamente debería ser posible "vivir solo de pan", sin ningún aderezo espiritual o religioso. No obstante, los datos acerca del malestar de los individuos que se atestigua en estas sociedades no deja lugar a dudas de que "vivir solo de pan" no es satisfactorio en absoluto. Emily Dickynson lo expresa con finura:

> *El alma alimenta lo que no se puede tocar,*
> *ni con pan, ni con oro, ni con poder;*
> *es un fuego que la carne no sostiene,*
> *es el hambre que nunca cesa de crecer.*

Si, en cierto modo, podemos decir que el marxismo fracasó, según nos dice Tismaneanu, en el siglo XX, es "porque infravaloró los dilemas existenciales de la condición humana, la necesidad sentida por tantos de fuentes profundas de significado espiritual o cultural". El capitalismo, nuevo prometeísmo, no hace más que ratificar esta idea. No hay más que hacer un recorrido por las estadísticas de enfermedades de carácter psicológico y ver el dolor que aqueja a la sociedad del bienestar, intangible pero real: las mencionadas estadísticas de suicidios, la depresión, el consumo de drogas, ansiolíticos, alcohol y malestar general, para darse cuenta de que el pan no satisface las expectativas humanas. Ya lo cantaban los "Rolling Stones" en su mítica "Satisfaction" que, en realidad venía a decirnos que después de probar muchas cosas, con nada estaban satisfechos. La misma historia que desarrolla Peter Thiel el multimillonario americano creador de PayPal en su artículo de la revista *Contagion,* El Momento straussiano: nada es suficiente para el ser humano, ni siquiera el nihilismo.

El capitalismo ha heredado sin darse cuenta las promesas marxistas y las ha cumplido: Marx no alcanzó a ver su genial capacidad profética. No previó que lo que traía era el fortalecimiento del capitalismo, nuevos tipos de injusticia, tanto en los lugares en los que triunfó como modelo social, como en los que se diluyó, en apariencia. Trajo el desencanto, más Estado, soledad individualista, además del ateísmo supuestamente emancipador, consumación de los presupuestos ilustrados, y comunismo de papel. El marxismo se resistía a ver una obviedad que, en la soledad del desierto, se nos muestra diáfana: no hay orden estatal, por justo que sea, que haga superfluo el servicio del amor. No hay vida buena sin la pregunta por el sentido último de esa misma vida.

Ahora bien, su vena escatológica y profética falló en las previsiones, pero no en la praxis: el capitalismo es marxista en lo moral y en lo antropológico. No acabamos de reconocer dónde está el problema que asola al hombre a lo largo de su historia. El problema del marxismo y sus derivados es que pecan de impaciencia: cambiar la historia mediante la revolución es no haber comprendido cuál es la trágica condición humana. Por mucho que la injusticia sea intolerable, y haya que denunciarla y no acomodarse a ella, el ascetismo revolucionario conculca el tesoro más grande que el hombre tiene. El sacrificio ascético que reclama el marxismo debería centrarse en el cauce de la fraternidad y no del enfrentamiento y del individualismo disfrazado de diversos colectivismos. La urgencia del pan nubla el pronóstico inapelable de que toda reivindicación violenta se convierte en más hambre, más austeridad, más dolor, menos pan o pan que genera bulimia. Y aunque ese "sacrificio" tenga que ser repensado nunca se debe olvidar que es un sacrificio que requiere nuevas víctimas, por lo que hay que tomarse en serio, tanto la necesidad de distribuir el pan, como la de no embarcarse en más aventuras bien conocidas a poco que conozcamos la Historia.

Ya nos advirtió San Juan Pablo II en el nº 42 de la *Centesimus annus*:

> *¿se puede decir quizá que, después del fracaso del comunismo, el sistema vencedor sea el capitalismo, y que hacia él estén dirigidos los esfuerzos de los países que tratan de reconstruir su economía y su sociedad? ¿Es quizá éste el modelo que es necesario proponer a los países del Tercer Mundo, que buscan la vía del verdadero progreso económico y civil? La respuesta obviamente es compleja. Si por «capitalismo» se entiende un sistema económico que reconoce el papel fundamental y positivo de la empresa, del mercado, de la propiedad privada y de la consiguiente responsabilidad para con los medios de producción, de la libre creatividad humana en el sector de la economía, la respuesta ciertamente es positiva, aunque quizá sería más apropiado hablar de «economía de empresa», «economía de mercado», o simplemente de «economía libre». Pero si por «capitalismo» se entiende un sistema en el cual la libertad, en el ámbito económico, no está encuadrada en un sólido contexto jurídico que la ponga al servicio de la libertad humana integral y la considere como una particular dimensión de la misma, cuyo centro es ético y religioso, entonces la respuesta es absolutamente negativa.*

La diferencia del significado de "sacrificio" en lo político - comunista o capitalista- y en lo cristiano es clara: una cosa es dialogar, compartir o redistribuir, denunciar la injustica donde la haya, compartir dones y otra es eliminar la diferencia para crear un mundo homogéneo. Pero, ¿y si el otro no quiere entrar en la dinámica del don? La otra alternativa ya la hemos experimentado en la historia. El resultado fue escandaloso e insoportable para la humanidad. El holocausto, los *gulacs*, los campos de concentración, no se pueden repetir sin que la humanidad pierda definitivamente el sentido. Tal vez sea un trato sórdido el que la historia actual nos propone, pero quizás no haya otro si no nos lo tomamos en serio. Porque, aunque la sociedad capitalista adore los mismos ídolos con distintos nombres, hoy más que nunca, la sociedad del bienestar nos permite percibir que no sólo de pan vive el hombre. El pan no es el problema, porque si el hombre no fuera egoísta y no se dejase llevar por la ambición de la que quiso prevenirle la Revelación, no existiría el problema de la pobreza o el hambre.

Abba Poemen, Padre del Desierto, nos dice que "el hombre que está libre de las cosas materiales ve el mundo como si estuviera en el cielo". Haz la prueba y atrévete. Hazle caso a san Charles de Foucault y experimenta, en el desierto, que "mientras más se posee, más encadenado se está" y que "la verdadera libertad se halla en el desapego completo".

Menos de mí y más de Ti, cantan hoy muchos jóvenes con verdadera piedad en las adoraciones católicas. Ese es el camino. El del Pan con mayúscula, el Pan de Vida. El pan del que Jesús de Nazaret habla es el equivalente del maná de Israel en el desierto. El pan de cada día es pan de hoy que necesitamos y que, aunque no es suficiente, es en efecto muy importante. El hombre que no se fía de la paternidad de Dios inaugura la locura del asegurarse el pan a costa de lo que sea, pero ese pan-maná se pudre si se guarda de un día para otro. El enriquecimiento y la inversión siguen este modelo que faculta al deseo hasta el éxtasis y que nos ha llevado hasta donde ahora estamos. La humanidad sabe de estos ciclos críticos de la economía y busca las causas, y habla de crisis moral y de valores como causa explicativa, pero no va al núcleo: la desconfianza en la paternidad de Dios. En el fondo no es más que la permanente tentación del hombre: rellenar el vacío de Dios acudiendo a sí mismo, a lo único que tiene. Este es el sentido del famoso aforismo 125 de *La Gaya ciencia*:

¿Dónde está Dios? -gritó-, ¡os lo diré!- ¡Nosotros lo hemos matado -vosotros y yo! ¡Todos nosotros somos sus asesinos! Pero ¿cómo hemos hecho esto? ¿Cómo hemos podido bebernos el mar? ... ¿Qué hemos hecho que hemos soltado esta tierra de su sol? ¿Hacia dónde se mueve ahora? ¿Hacia dónde nos movemos? ¿Lejos de todos los soles? ¿No nos precipitamos más y más? ... ¿No erramos

como a través de una nada infinita?... ¿No viene siempre la noche y siempre más noche? ¿No hace más frío? ¿Todavía no oímos nada del tumulto de los enterradores que enterraron a Dios?

"Caer en la tentación" de pensar que la vida la da el pan es repetir el Génesis e iniciar, en cada generación, la caída progresiva de la humanidad hasta Babel. Retirarse al desierto para luchar contra esta tentación es una forma de combate olvidada por una humanidad secular, pero que urge tomársela en serio. Pensar que, huyendo hacia adelante, con más consumo o con más *bienestar,* nos traerá la satisfacción que anhelamos es una conclusión simplista que necesita revisión. Necesita un ser humano decidido a parar, a afrontar el silencio interior de su desierto y a preguntarse qué le falta, si aparentemente lo tiene todo. Quizás sea el momento de aprender a estar solos en la habitación, de dejar de ser una suerte de consumidores consumidos, que veníamos a comernos el mundo y constatamos ahora, desolados, que el mundo nos ha comido.

La solución que el marxismo nos proponía era cambiar de dios, convertirnos en dioses que llevan sobre sus espaldas la responsabilidad de cambiar las condiciones de la injusticia tomando "las riendas de la historia", pero lo único que hemos logrado es cambiar a Dios por líderes iluminados que nos quieren llevar a paraísos terrestres construidos a base de la sangre de otros. Como decía Dostoievski en *El adolescente:* no existen ateos, sino adoradores de diferentes ídolos.

Lo que hemos hecho, en realidad es cambiar de ídolos. Esto es lo que maravillosamente nos relata la película *Las invasiones bárbaras.* Al protagonista, filósofo reconocido en la universidad canadiense de Quebec le han diagnosticado un cáncer terminal, y antes de que le practiquen la eutanasia convoca a sus amigos, no muchos, para despedirse. En su discurso recopilatorio de su biografía a modo epitafio dice: "hemos sido de todo: existencialistas, marxistas, leninistas, trotskistas, estructuralistas, funcionalistas, anticolonialistas, tan solo porque vimos las películas de Jean Luc Godard y leímos a Philippe Soler nos hicimos maoístas, ... hemos recorrido todos los ismos posibles, hasta el cretinismo".

Los seres humanos damos palos de ciego intentando asentar el sentido de la vida sobre cualquier idea (ídolo), esperando que este nos devuelva la vida que depositamos en su culto. La historia nos demuestra, sin embargo, que nada de eso es fundante sólido de esperanza transcendental, a lo sumo de expectativas, casi siempre frustrantes con el paso del tiempo, de renovación de todas las cosas. El ocaso de los ídolos es una condición *sine qua non,* de la fe que ponemos en ellos, porque nada es satisfactorio.

El intento de sustentar el sentido sobre el "pan", como símbolo del trabajo, las ideologías o las teorías más diversas, deja hambriento al hombre y llena la tierra de cadáveres. Urge salir de ese círculo vicioso y reconocer, aquí en el desierto que *no solo de pan vive el hombre*. Y a partir de ahí, abandonarse, transitar con confianza y completar la frase: *no solo de pan vive el hombre, sino de toda palabra que sale de la boca de Dios.*

SEGUNDA TENTACIÓN

«Entonces el diablo le lleva consigo a la Ciudad Santa, le pone sobre el alero del Templo y le dice: "Si eres Hijo de Dios, tírate abajo, porque está escrito: A sus ángeles te encomendará, y en sus manos te llevarán, para que no tropiece tu pie en piedra alguna". Jesús le dijo: "También está escrito: No tentarás al Señor tu Dios"».

(Mt 4, 5-7)

H.E.A.T., la banda sueca de hard rock / metal nos lo canta poderoso en un tema estrenado en 2025, que lleva como título elocuente: "We are Gods": "there are many among us who believe in the truth, let me hear you know we are gods, we are gods, we are gods of the universe".

En el intento de seducción satánico, en esta segunda tentación se le ofrece a Cristo la Gloria, es decir, ser reconocido como el Mesías, salvar al género humano, pero no a través de la Cruz, símbolo por antonomasia de la locura irracional del sufrimiento, no a través de la ignominia de la simplicidad, sino a través de la peor cara del marketing, mostrando la capacidad milagrera que le comportaría éxito, adoración y bienestar.

El deseo de Gloria, de reconocimiento implicaría una vida fácil, llevado sobre las alas de ángeles, evitando todo tropiezo y dolor. La propuesta es ejercer de dios. Resuena aquí el eco de Génesis 3,5(. La pretensión de salir de la naturaleza y sobrenaturalizarse con el control sobre el conocimiento, sobre la naturaleza, sobre los condicionamientos que le sujetarían a la mediocridad. Los intentos de Nietzsche por atarnos a la tierra, o Ayn Rand por cancelar el cristianismo, o las decenas de naturalistas y animalistas, transhumanistas, que tratan de doblegar nuestra tentación de divinidad sujetándonos al suelo material, han tenido gran éxito: han logrado la animalización como realización diferida de la tentación de divinización, la reducción de la persona a simples procesos físico-químicos. Los intentos de conseguir con la ciencia transhumanizarnos están en pleno desarrollo. Podemos decir que la humanidad, por exceso prometeico o por defecto, ha caído en la tentación: una divinización inmanentista o una animalización llana y crasa. Es actualísima la propuesta satánica porque vivimos en la sociedad del espectáculo. Todo es representación y, en último término, apariencia. Narciso no está enamorado de sí mismo (ojalá fuera así, si eso comportara conocer y reconocer bien todo su yo, heridas incluidas); Narciso se ahoga porque está enamorado de su imagen, de la imagen que él mismo ha ayudado a construir a golpe de *reels* de Instagram. Narciso no se ama a sí mismo, solo busca que los demás se crean que es así, para entonces poder resoplar aliviado ante el espejo. Se autoengaña, lo sabe, pero es su única razón para seguir viviendo.

La fama es representación y mímesis, el éxito se mide por los minutos que apareces en los medios, digas lo que digas, y el seguimiento depende de lo provocador y lo *outsider* que uno sea. La propuesta de Satán es conmovedora, por lo *naíf*, pero por eso mismo es profunda. El aparecer ante los hombres como un mago cualquiera trae una gloria inmediata, aunque efímera. La rapidez con la que aparece y desaparece milagrosamente a los ojos de los espectadores, conlleva la aclamación, el boato, y la esperanza de ser receptores de esa misma gloria por contagio con el líder carismático. Asociados a su sombra disfrutaremos de sus pírricas maravillas. Pero Jesús de Nazaret sabe que todo eso son juegos fatuos, que la realidad es contumazmente realista y decepcionante.

Jesús, en cuanto hombre, ha sido tentado en todo como nosotros, y como tal podía pensar, sospechar, que los designios de Dios, aunque sea su Padre, son crueles y exagerados. Él, humanamente podía pensar: "¿por qué tengo que salvar a los hombres soportando la injusticia, la violencia, el desprecio, el fracaso, la Cruz, el sufrimiento, el dolor? ¿Por qué tengo que aparecer con la figura de un hombre pobre, sin historia, sin estatus? ¿No sería más eficaz mostrarse arrasador y apabullante, poderoso? ¿No es mejor el diálogo, actuar como personas civilizadas? ¿No es mejor seducirles con argumentos inapelables, con la belleza, con la promesa de una salud permanente, con una ciencia perfecta, sin resquicios, con un espectáculo inédito, con argumentos inapelables, divinos?

El demonio en esta tentación le propone a Jesucristo una forma de realizar la salvación siendo aceptado por todos sin ser rechazado, sin tener que pasar por la humillación. ¿Por qué entrar entonces en la Cruz? La creencia de que la historia está mal hecha, de que el mal es insoportable, de que todo sufrimiento es un sinsentido y de que cualquier cosa vale para paliarlo, es la esencia de esta aparentemente simple tentación. El hombre tienta a Dios para que le cambie lo que no entiende o lo que no acepta de su vida. Ante el *silencio de Dios*, al respecto de este chantaje, el hombre actúa queriendo por todos los medios construir su propio yo, su propia historia, reivindica la liberación del deseo, la necesidad de afirmarse a sí mismo, de crear su propio código moral o de fantasear sobre su cuerpo, su personalidad. La pretensión de divinización puede lograrse por el anclaje a la tierra nietzscheano, por una parte: ya que no puedo lograr mágicamente cambiar mi cuerpo, mi historia, los sucesos del mundo, apostaré por afianzarme con orgullo en ellos. Por otra, liberarse de todas presiones morales o represiones culturales (lo que Freud llamaba el *superyo* producto de la omnipresencia culpable del padre, y la presión cultural judeocristiana) para afirmar al yo, obedeciendo al tirano del *ello,* a la libido sexual en estado puro.

En un mundo en el que predominan las redes sociales como forma de comunicación, la importancia de elaborar un perfil en LinkedIn, en Facebook, en Instagram, Tik-Tok, hacen palidecer los viejos sistemas terapéuticos en los que los hombres iban en busca de mejorar su frágil psicología, aplicar la cirugía a su cuerpo, aparentar hipócritamente lo que uno no era para ser aceptado, o exagerar el defecto para mostrar soberbiamente que hemos logrado soportar la decepción y la exhibimos con *superbia.* La tentación es clara: ¿quién va a escuchar al hijo de un carpintero que se presenta pobremente en un mundo que reclama el espectáculo y en el que las apariencias son todo? El rechazo de los orígenes, de la precariedad familiar, la no aceptación de la propia historia, del propio cuerpo y la pobre psicología, de la madre o del padre, nos apunta al universo del psicoanálisis. Freud cae en esta tentación a la que también sucumbió su pueblo Israel: "¿Para qué hemos venido al desierto? ¡¿Para morirnos de sed?! Si nos priva del agua, nos priva de todo, ¿qué hay que aprender del disgusto, de la escasez? Sostenía Goethe que el mal no necesita razones, que le basta con un pretexto.

Y aquí, en el desierto, tentados por el hecho mismo de haber venido, tenemos unos cuantos.

Ya en el libro del Génesis toda la humanidad, representada mítico-simbólicamente en Adán y Eva, experimenta esta limitación con desagrado. No ser como dioses, que puedan decir qué está bien y qué está mal, que no puedan comer de uno de los árboles del jardín, se convierte en un reto insoportable, que reclama optar por la soberbia. ¿Por qué hay que aguantar la fealdad?: ¡disfracémosla! ¿Por qué justificar a un déspota como Moisés? ¿Por qué aguantar al Padre?: matémosle. ¿Por qué pasar sed si el cuerpo nos pide beber?: liberemos el deseo". ¿Quién es el que frustra mis deseos, que frena mi realización personal, que me castra o me aprisiona en un cuerpo equivocado? Dios, si existiese sería el culpable, si no existe entonces la naturaleza, pero si esta es maleable, por qué no hacerlo. La carne es materia disponible al antojo. Justifiquemos lo que hagamos en nombre de un dios menor. Reverenciemos al dios Progreso, con mayúscula, y digamos, con el Jocker, "no soy un monstruo, soy simplemente un adelantado a mi tiempo".

El propio Freud, al que tomamos aquí de la mano, lanza la sospecha, en *Moisés y el monoteísmo,* de que Israel asesinó a Moisés –figura del protopadre represor–. El hombre mata a sus semejantes cuando sus deseos son frustrados. ¿Si al hombre no le gusta su cuerpo, su vida, cómo no va a matar al que es causa primera de todas las cosas? Dios como chivo expiatorio de la humanidad es una idea muy potente y, lo mismo es de esperar con sus mediadores, se trate de Moisés o de la Iglesia. ¿Los israelitas no entendieron la pedagogía divina? Los hombres de hoy en día tampoco parecen entender ninguna pedagogía que comporte aplazar el placer, y mucho menos sentirse educados por un Dios moralista que impida la satisfacción inmediata de sus apetitos. No olvidemos nunca que el único pecado que existe para la Escritura es la soberbia: no hay otro dios que uno mismo. Esa es la herencia de la muerte de Dios según Nietzsche. El solitario orgulloso echa la culpa a los otros de su insatisfacción y a Dios que, aunque no exista para ellos, no deja de ser un recurso a la mano, la culpa de lo que cree que tampoco existe pero que le duele: el sufrimiento del alma.

La hipótesis de este apartado se fundamenta sobre una imaginaria reconstrucción literaria del diálogo de Cristo con Satanás. Éste diría con toda seguridad: «no ves que no te van a acoger porque tú no perteneces a la casta sacerdotal, por qué no has estudiado en sus *yesivots,* eres hijo de un sencillo carpintero; te van a matar, es absurdo pretender que tu propuesta va a ser escuchada. Los hombres sólo escuchan al que muestra signos de poder, vomitan la debilidad, quieren revestirse del magnetismo de sus líderes, para obtener ese prestigio que tú tienes, ponerse a la sombra de tu aura. Para ellos la debilidad es un escándalo, les penetra el pánico hasta las entrañas, no soportan a nadie que les pueda pisar. El perdón que tú quieres inaugurar –y que tú crees que es la decisión de un hombre superior – es sólo una muestra de cobardía para ellos, es sólo una estrategia equivocada. En cambio, si te tiras del pináculo del templo, como Dios tendrá que mandar a sus ángeles para que te sujeten con sus manos, *para que tú pie no tropiece en piedra alguna,* todos te verán aparecer rodeado de ese espectáculo angélico y creerán en ti y te aceptarán. Sólo un Dios puede hacer semejante hazaña y todos te adorarán».

Esta imaginaria parrafada satánica habla de esa sensación universal de que algo no está bien en nuestra vida. Un soliloquio parecido se encuentra en la *Leyenda del Gran Inquisidor.* Algo no nos gusta, nos avergüenza: nuestro físico, nuestra familia, nuestras limitaciones, y nos pesa como una losa toda nuestra vida. Algo atenta contra nuestros planes, contra la forma de concebir el éxito, de ser o no acogidos como somos, contra nuestros complejos, o contra nuestra forma de ver el mundo.

«—El Espíritu terrible e inteligente —añade, tras una larga pausa—, el Espíritu de la negación y de la nada, te habló en el desierto, y la Escrituras atestiguan que te "tentó". No puede concebirse nada más profundo que lo que se te dijo en aquellas tres preguntas o, para emplear el lenguaje de la Escritura, en aquellas tres "tentaciones". ¡Si ha habido algún milagro auténtico, evidente, ha sido el de las tres tentacio-

nes! ¡El hecho de que tales preguntas hayan podido brotar de unos labios, es ya, por sí solo, un milagro! Supongamos que hubieran sido borradas del libro, que hubiera que inventarlas, que forjárselas de nuevo. Supongamos que, con ese objeto, se reuniesen todos los sabios de la tierra, los hombres de Estado, los príncipes de la Iglesia, los filósofos, los poetas, y que se les dijese: "Inventad tres preguntas que no sólo correspondan a la grandeza del momento, sino que contengan, en su triple interrogación, toda la historia de la Humanidad futura", ¿crees que esa asamblea de todas las grandes inteligencias terrestres podría forjarse algo tan alto, tan formidable como las tres preguntas del inteligente y poderoso Espíritu? Esas tres preguntas, por sí solas, demuestran que quien te habló aquel día no era un espíritu humano, contingente, sino el Espíritu Eterno, Absoluto. Toda la historia ulterior de la Humanidad está predicha y condensada en ellas; son las tres formas en que se concretan todas las contradicciones de la historia de nuestra especie. Esto, entonces, aún no era evidente, el porvenir era aún desconocido; pero han pasado quince siglos y vemos que todo estaba previsto en la Triple Interrogación, que es nuestra historia. ¿Quién tenía razón, di? ¿Tú o quien te interrogó?...».

El *Gran Inquisidor* interroga al Jesús que ha vuelto al mundo anticipándose a la "Segunda venida", replicando el diálogo de nuestro pasaje de Mateo.

Dostoievski reconoce la inmensa sabiduría que se esconde detrás de estas tentaciones. Porque esta tentación adquiere fórmulas universales: perseguir el éxito, sentirnos dioses y afirmarnos en el orgullo. Si no nos agrada el cuerpo físico están el deporte, el *lifting,* la dieta, y los fármacos; si no nos gusta el sexo biológico lo desterramos incluso del lenguaje, lo llamamos "sexo asignado" (habría que preguntar por quién) y endiosamos al género; si no aceptamos las limitaciones, las afirmamos y las exhibimos con orgullo prometeico; si no podemos con las debilidades, las convertimos en virtudes. El llamado "pecado" es más que la compensación del sufrimiento, es la oportunidad de realización. Freud y la tecno-ciencia nos han ayudado a "caer", haciéndonos sentir orgullosos en esta tentación: liberar la libido para evitar la neurosis no nos ha traído el resultado esperado.

Romper con los límites corporales mediante la tecnociencia nos sumirá en la confusión: ¿Quién soy yo que me siento perro, que me he hecho la "transición", que me he implantado un chip potenciador de mis carencias? El pecado –libido no reprimida en acción– redobla el sufrimiento y genera una neurosis más dolorosa en su huida hacia adelante. Lo que no dijo Freud es que el acto liberador de la libido, el impulso catéxico, no sólo no libera, sino que crea dependencia. El sexo, el dinero, el éxito no son más que fórmulas sustitutivas de las carencias de experiencias genuinas y realizadoras, y cuando estas no funcionan aparecen los narcóticos que excitan las hormonas dopaminérgicas y enganchan inexorablemente a su consumidor. El dato mata al relato, que dicen ahora: en España la edad media de acceso al porno está en los 8 años. Parafraseando a Sloterdijk podríamos decir que las nuevas fuentes de la alienación postmoderna no son las formas de producción del capitalismo, ni la religión, ni la filosofía, ni siquiera el éxito y el dinero, sino el consuelo de lo químico-farmacológico. Vivimos en una cultura narcótica. Que *turismea* por el interior con las drogas y por el exterior viajando a todas partes para llenar los ojos y el paladar de experiencias cada vez más exóticas. Nos venden experiencias en cajas con todo incluido. No se trata de demonizarlas, sino de caer en la cuenta de todas aquellas veces que, narcotizados, experimentamos sin apenas presencia real. Sin el otro. Sin el Otro. Piensa, por un momento, cuáles han sido las experiencias más satisfactorias y plenas de tu vida. Identifica si estabas solo o con quién estabas. Recuerda qué estabais haciendo y compáralo con lo que estás haciendo ahora. ¿Esta experiencia del desierto se parece a alguna otra experiencia que hayas tenido? ¿Te permite esta experiencia volver a experimentar, en cierto sentido, experiencias anteriores?

Insistimos en hacernos presentes, aquí y ahora, en tomar conciencia de nuestro particular desierto porque nuestra cultura actual es también una cultura de la ausencia. La nueva ciencia dietética y las fórmulas del culto al cuerpo, del entretenimiento juvenil, apuntan a una felicidad sintética y espectral, que toma la forma de "ausencia" del mundo: "La ausencia" sería un "darse cuenta" del mundo interior, sin interferencias, como si esa zona de fantasías, anticipaciones y deseos interviniera para mitigar la intensidad de la presencia o de la ausencia". En "Desaparecer de sí. Una tentación contemporánea", David Le Breton, habla de una crisis del sujeto, empujado por el exceso de presión que tiene para "ser uno mismo", rendir, mostrarse y controlar la identidad, hasta el punto de que todo ello le genera un cansancio que lleva a muchos a "no poder con la vida" y desear desparecer en formas tan variadas como el colocón, la depresión, la adicción digital o hasta el mismo suicidio.

Sería posible pensar en la evolución del hombre occidental como la historia de su alejamiento del mundo externo y del mundo interno, como una historia de la fantasía. De modo que gracias a la fantasía y, si se quiere, a la sublimación, es como los mecanismos neuróticos han tenido originariamente una función adaptativa, sin la cual hubiese sido imposible el desarrollo tecnológico y científico, así como el de las artes. Freud quiso liberarnos de la represión moralizante y nos trajo la confusión de la realidad con la fantasía, de lo inmoral con lo moral y casi nos priva del desarrollo tecnológico y del disfrute del arte, la literatura y la religión.

La tentación de matar al padre, de cambiar la historia, de cambiar la naturaleza humana al antojo de las posibilidades de la tecnociencia, de dejar que el deseo se exprese con libertad absoluta es la razón que mana de las intuiciones psicoanalíticas de Freud, Lacan, Foucault, y existencialistas de Heidegger, Sartre, y neomarxistas de Marcuse, Reich, Althuser, hasta Zizec. Para el psicoanálisis aceptar las reglas de otro, el control del deseo, soportar normas morales significa atar al ser, ahogarlo en la represión y la neurosis. El "no tentarás al Señor tu Dios", es fundamental: no vale una oración manipuladora, exigente, que quiere someter la frustración, la fealdad, la muerte, al proyecto de un yo que busca construirse otra *bildung* (perfil o figura) porque no se acepta a sí mismo. No vale un Padre o una religión tirana, pero mucho menos una religión del placer, de las prótesis, de la legitimación de los impulsos del ello. Es la opción de la vuelta a la naturaleza en estado puro. El hombre concebido freudianamente es un mecanismo de estímulo y respuesta al más puro estilo conductista.

Los seres humanos son miméticos, se han mirado en el espejo de los otros y han imputado a Dios su desventaja, para lo cual han decido compensarse pecando, y cuando esperaban realizarse se han encontrado con la soledad y la muerte óntica. Ya no se lleva la palabra "pecado", pero no se ha inventado todavía una mejor para expresar lo que conlleva despreciar a Dios porque todo está mal hecho y curvarse uno sobre sí mismo *(incurvatus in se* decía San Agustín que era la expresión más genuina del pecado) para construir el mundo desde la soledad, desde la autodivinización. El pecado deja solo al hombre curvado hacia sí mismo, le encierra en la soledad y el individualismo y le impide abrirse al otro, fuente de sufrimiento, pero, al mismo tiempo, única fuente de felicidad. Por eso, perdonarles los pecados es devolverles la vida y si, además, el que lo hace es Dios, queda ratificado que todo está bien hecho, la historia, mi biografía y la del otro.

Sin embargo, ha cundido la sospecha de que este amor al otro es trágico y totalitario, y que vela un sacrificio del otro escondido detrás de un supuesto altruismo, por tanto, es una idea falaz, pesimista y producto de un malentendido. No es bueno que tú existas, yo no he pedido existir, se nos proclama, fuimos arrojados a la existencia sin permiso, gritará Sartre, solo el suicidio (en sus múltiples formas) se nos presenta como acto de libertad, aunque patética.

Dios no existe, y todo está mal hecho. Hay que asumirlo con orgullo y tratar de sobrevivir a toda costa.

Girard, en The double, (traducido en la Colección *Mímesis* de la editorial UFV. *El doble,* 2024) recoge el guante de esta alusión al poder hermenéutico de las tentaciones para una lectura del mundo actual, también pasando por la mediación de Dostoievski. Las tentaciones son en Dostoievski la expresión literario-artística de la idolatría en la que la humanidad vive:

«Los que piden a Dostoievski un arte «positivo» ven en ese arte la única expresión adecuada a la fe cristiana. Pero se trata siempre de personas que tienen una idea muy pobre ya sea del arte, ya del cristianismo. El arte de la negación extrema es quizá, por el contrario, el único arte adaptado a nuestro tiempo, el único digno de él; no predica sermones, porque nuestra época no puede soportarlos; deja de lado la metafísica tradicional a la que nadie o casi nadie puede acceder; tampoco se apoya en mentiras tranquilizadoras, sino en la conciencia de la idolatría universal»

La insatisfacción respecto a lo que somos, lo que no nos gusta de nosotros mismos, los acontecimientos que no controlamos, los accidentes, las enfermedades, etc., nos abocan a la búsqueda de caminos alternativos, a cambiar lo que no nos gusta, a compensar las carencias, a huir de la historia, sublimarla o disfrazarla. En el fondo se trata de denominar de alguna manera los múltiples intentos de suplir la ausencia de experiencias existenciales genuinas donde encontrar un arraigo para la vida. La ciencia, desde todas sus disciplinas, colabora en este proyecto de salvación secular: la medicina quirúrgico-plástica, la psicología, la biotecnología.

«*Hilflosigkeit* es la palabra que Freud utiliza para describir la condición de extravío sin fundamento de la existencia humana. En alemán *Hilfe* significa literalmente "ayuda", mientras que *Losigkeit* significa "pérdida". *Lacan* la traduce más poéticamente con la expresión "abandono absoluto"». Extravío del camino, del sentido originario, según el plan de Dios, de la existencia humana. Desde Génesis se entiende el privilegio de ser criatura distinta de los animales, de ser el amigo de Dios, de origen y destino divinos. Dios convoca al varón/mujer (*´ïssah -mujer-* deriva de *´iîs -varón*), a una existencia plena en su compañía, imagen de Dios mismo en tanto que sean una sola carne. Nosotros hemos convertido al "otro", en lugar de "mi misma carne" sin el cual no me realizo como ser humano, en un antagonista competidor salvaje con el que comparto una soledad ontológica, cuando en realidad: ...

«Es el socorro del Otro lo que redime la vida de su "abandono absoluto", de la condición inerme que acompaña su llegada a este mundo. Respondiendo al grito, el Otro extrae su vida de su fondo animal y la salva del horror de la noche, asignándole un lugar en particular en su deseo, en el deseo del Otro»

Vivimos en la contradicción irresoluble entre el odiar la libertad de los otros, y adorarlos. Esa tensión es la que manifiesta esta tentación. Creados para amarnos, para salir de nosotros mismos al encuentro del otro, en el sentido de descubrir al otro como hermano, y no ser capaces de salir de nosotros mismos más que a través del espejo narcisista en el que nos miramos que es precisamente el que nos devuelve siempre la misma imagen: el otro es más feliz que yo, disfruta de privilegios que yo no tengo, atrae la mirada de los demás con más éxito que yo, etc.

Si hay algo que nos dejó en herencia Freud, entre otras muchas cosas, es la necesidad de expulsar al Padre, a la Ley o a Dios de nuestro horizonte de espera para poder ser nosotros mismos. La misma experiencia que hemos visto en Marx y que veremos en Nietzsche. Desde el punto de vista literario, lo que estos filósofos de la sospecha de la muerte de Dios, equivalente a la expulsión del padre, nos han dejado es la patencia de una ausencia. Así lo expresa Esperando a Godot de Samuel Beckett: Godot es el nombre que se le da a la ausencia. «La demanda del padre, como Nietzsche había intuido a la perfección, oculta siempre la insidia de cultivar una espera infinita y melancólica de alguien que no regresará nunca». Recalcati nos advierte «nos hallamos en la era del ocaso irreversible del padre, pero estamos en la era de Telémaco; las nuevas generaciones observan el mar aguardando que algo del padre regrese». La parábola del hijo prodigo es algo más que un relato moralista para enseñar a los hijos a no cometer errores. Es el intento de mostrar el amor incontrovertible de un padre que ama más la libertad de su hijo que sus propios planes. Un padre que quiere mostrar a su hijo que no tiene que competir, que no tiene que cambiar la historia, que el hogar paterno está caliente y es agradable, que no reclama una subversión violenta para realizarse como hijo. Caer en la tentación es aceptar el discurso del tentador que susurra que todo está mal hecho, que el padre no nos quiere, sino que nos somete, que si fuéramos artífices de nuestra propia historia desapegándonos de lo que hemos recibido gratuitamente: nuestro cuerpo, nuestro modo de ser en el mundo, nuestra belleza -por su unicidad y singularidad, todos somos bellos- seríamos más auténticos y libres. Hemos asimilado mal qué significa ser libres siguiendo la estela de los resentidos y libertaristas que desde el nihilismo y el existencialismo nos seducen para que nos afirmemos a nosotros mismos por encima de todos. Paradójicamente, la oferta de san Pablo, que recoge el testigo de qué significa ser libres viene en nuestra ayuda: Gálatas 5, 13: "Porque vosotros, hermanos, a libertad habéis sido llamados; solamente que no uséis la libertad como ocasión para la carne, sino servíos por amor los unos a los otros. 14 Porque toda la ley en esta sola palabra se cumple: Amarás a tu prójimo como a ti mismo".

¿Cuál es el problema del siglo XXI? Si el padre ya no es Padre, si Dios ya no es Dios, hay que buscar un sustituto. El hombre tiene que ser su propio creador, el guionista de su historia, por tanto, toda frustración, todo fracaso ha de atribuírselo a él mismo. La culpa no puede ser diferida a Dios, ni abierta a una relación redentora: nos condenamos a nosotros mismos, y el otro es, sartreanamente hablando, el infierno. La culpa es del otro. Ahora bien, como canalizar el muro decepcionante de no poder ser felices, de no poder darnos la vida a nosotros mismos, de no poder perdonarnos a nosotros mismos de nuestros errores. Hanna Arendt lo explica muy bien: que «solo hay un medio para paliar la irreversibilidad de nuestras acciones. Ese medio es la "facultad de perdonar"» (...) «Sin ser perdonados, liberados de las consecuencias de lo que hemos hecho, nuestra capacidad de actuar estaría, por así decirlo, confinada a un solo acto del que nunca podríamos recobrarnos; seríamos para siempre las víctimas de sus consecuencias, semejantes al aprendiz de brujo que carecía de la fórmula para romper el hechizo».

Al cambiar el padre por la Ley, el Estado se arroga ser su sustituto, se auto atribuye la educación de los hombres para facilitar la convivencia, facilita que en lo moral uno sea su propia ley y en lo social funcional nos sometamos a sus dictámenes. Perdido en el mar de los sargazos de la autonomía moral no sabemos a dónde apelar para orientarnos en el fracaso de nuestras expectativas de autopoiesis, e fraude de la promesa de autorrealización que nos ofrece la sociedad de consumo, la tecnociencia, y todos sus derivados de entretenimiento.

«Vivir en un mundo donde algo que no es delito tiene el mismo efecto que si lo fuera resulta especialmente perturbador. ¿A qué tribunal apelarse? (...) vivimos dentro de una red de relaciones en la que cada acción provoca no solo una reacción sino una reacción en cadena. Esto significa que todo proceso es causa de nuevos procesos impredecibles. Una sola palabra o acción puede cambiarlo todo (...) Nunca podemos saber qué estamos haciendo (velada alusión al "perdónales porque no saben lo que hacen". Lucas 23, 35). Pero hay algo que exacerba esta "fragilidad y falta de fiabilidad" de los asuntos humanos y es el hecho de que, aunque no sabemos lo que estamos haciendo, no tenemos ninguna posibilidad de deshacer lo que hemos hecho. Los procesos de la acción no son solo impredecibles, son también irreversibles».

Las consecuencias más evidentes del éxito del psicoanálisis son que los instintos animales se han convertido en hábitos positivos. El problema es que el placer se satura por su búsqueda y ejercicio y se pervierte anclándose en sus fórmulas más rutinarias y cada vez menos satisfactorias. Así como el adicto necesita una dosis mayor y más frecuente para obtener cada vez menos resultados, la afloración instintiva de las fuentes del placer cansa y aburre. "Más, más, más; nunca es suficiente", se nos repite en esa oda crítica al hedonismo que es "El lobo de Wall Street". Hoy en día es mucho más transgresor pensar en un amor eterno que en tener relaciones sexuales una detrás de otra sin ningún compromiso. Es mucho más provocadora y transgresora la fidelidad al otro y a uno mismo que el culto a la novedad, al uso del otro como máquina-objeto para desahogar el placer, es más reaccionario tratar de acabar con el sentido del pudor, que es a lo que juegan todas las ideologías modernas que se han revuelto contra el patriarcado y sus leyes, que su defensa. Lo verdaderamente obsceno es el resultado del ejercicio libérrimo de la obscenidad. Lo que Freud esgrimía como factor castrante, limitante, y represor, la observancia de la Ley moral, se va a convertir su contrario. La Palabra, la Ley, el Padre van a ser añorados.

El camino que habremos recorrido no reclamará nostálgicamente el retorno de una patriarcalismo abusivo y autoritario –eso no tiene retorno–. Nos ha servido de aprendizaje ese exceso, lo que buscaremos será una paternidad deseada por su insoportable ausencia. La Ley nos permitirá ser verdaderamente libres. Esta es su función pedagógica (Gal 3,23-25) o como decía Lacan ser padre es "saber combinar (y no oponer) el deseo con la Ley". Es justo esto, paradójicamente viniendo de la pluma de quien viene, la enseñanza última de la parábola del Hijo Pródigo.

En una especie de anticipación profética del futuro inmediato el Gran Inquisidor se atreve a lanzar un augurio existencialista muy lúcido, que evoca anticipadamente la idea nietzscheana de los "últimos hombres":

«Incluso les permitiremos pecar, ya que son débiles, y por esta concesión nos profesarán un amor infantil. Les diremos que todos los pecados se redimensionan, se cometen con nuestro permiso, que les permitimos pecar porque los queremos y porque cargaremos nosotros con el castigo. Y ellos nos mirarán como bienhechores al ver que nos hacemos responsables de sus pecados ante Dios. Y ya nunca tendrán secretos para nosotros».

La aportación de Freud, como será la de Nietzsche, es la afirmación de la voluntad. Se trata de presentarnos la propuesta hedonista sempiterna como un acto de libertad. "La codicia, a falta de una palabra mejor, es buena", escuchamos en la citada "El lobo de Wall Street". Bastante más lúcido es don Juan Manuel (El Conde Lucanor) cuando dice: "a quien por codicia la vida aventura, las más de las veces el bien poco dura".

La historia nos ha demostrado que esta pretensión de separar la libertad de la responsabilidad, afirmando que la primera se realiza como salvación de la neurosis cuando se prescribe la adoración de los ídolos, es la fuente de todos los totalitarismos anti-libertarios, de la misma manera que los libertarios.

La proclama a favor de la animalidad, la fuerza vital, el placer y la negación de la Ley del Padre (las coerciones del *superyo)* no son la antesala de un mundo feliz, sino de un mundo cada vez más coercitivo, agresivo, e infeliz. La libertad es esclavitud, mero capricho de un sujeto infantil que no quiere crecer. «El nuevo infierno surge de una profunda distorsión del malestar en la cultura de Freud. Mientras ese malestar nacía del conflicto entre el programa del instinto y el programa de la Cultura -la civilización implicaba la muerte del animal y el sacrificio pulsional del ser humano- el actual parece estar generado por el perverso culto a un goce inmediato, ilimitado, absoluto, carente de diques... la Ley que importa es la del goce; es el goce el que toma la forma de un deber paradójico, donde, como afirmaba Lucrecio "todos quieren todo". El goce no es lo que transgrede la ley, sino la versión hipermoderna de la Ley».

La caída libre en la segunda tentación ha comportado para la humanidad un descenso a los infiernos dantescos de la soledad, la ansiedad, y la desesperanza. Son las almas que, en el decir de Virgilio, en *La Divina Comedia,* "han perdido su personalidad en su desorden, y ya no son reconocibles".

Por eso el ideal libertario, de autonomía respecto de los modelos Dios, la Ley y el Padre, que es la propuesta de la segunda tentación, basado en cambiar esos modelos por el del *otro cualquiera que parezca tener más reconocimiento* (puro reflejo narcisista que busca ratificar la propia elección a partir de la mímesis de lo que los otros hacen), en pactos racionales de convivencia, no funciona.

Choca siempre con el espejismo de creernos autónomos, por un lado, y de creer que el otro nos pertenece, por el otro. De modo que cuando el otro hace algo que nos disgusta —que revela que no nos pertenece— no es porque sea más libre que nosotros —muchas veces no es así—, sino porque sigue los deseos de otros, supuestamente «libremente», es decir, se hace de otros, se deja esclavizar por otros.

La tentación, por tanto, es la tendencia narcisista de construir por nosotros mismos la historia, la biografía, que idealizamos porque no nos gusta la real. En este momento de la historia, la ciencia, la tecnología, los perfiles virtuales de las redes sociales, pretenden facilitarnos esa huida hacia adelante sin Dios, sin padre, ni ley moral. Pero ya hay ruido de aquellos que nos antecedieron y que están de vuelta de la aventura de la construcción de una cultura egocéntrica. El motor del "malestar de la cultura" freudiano ya no es la represión de los modos morales de la cultura judeocristiana ya abolida, sino su desprecio y arrinconamiento.

Jean Michel Oughourlian afirma que la teoría freudiana triunfó porque: "la cultura reconoció en la nueva mitología el menos dañino de los disfraces de la realidad que quería mantener oculta". Justificaba, al reducir como causa principal de nuestro comportamiento al inconsciente, la violencia irracional que nos escandaliza y el impulso sexual que nos motiva.

Por eso cuando en el viaje que él y Carl Jung realizaron en 1909 a los Estados Unidos, y el barco estaba a punto de llegar a puerto, le dijo a su compañero de viaje: "They don"t know it, but I"m bringing them the plague." Tenía en mente el origen y la composición de la sociedad americana de principios de siglo, que se había constituido mediante grupos de puritanos protestantes de todo corte que huían de Europa en los siglos anteriores. La liberación de la sexualidad, que trataba de afirmar su instinto animal, se convertiría en la bandera de la burguesía de finales del siglo XIX y el siglo XX.

Ahora en los inicios del siglo XXI ya tenemos posibilidad de evaluar el resultado: el incremento de la violencia sexual, de las dependencias y adicciones a las drogas, a la pornografía; la insatisfacción de las fuentes del gozo; y sus consecuencias: soledad, desvinculación, miedos a todo tipo de relaciones que pretendan ir más allá del placer; y las nuevas leyes represoras que vienen pujando desde las ideologías *woke* y de la cancelación. Las nuevas leyes castrantes de la libertad en nombre de la libertad; la disolución de las diferencias naturales reasumidas en luchas por las igualdades culturales impuestas ideológicamente y totalitariamente, son los síntomas del nuevo "malestar de la cultura".

Necesitamos resistir creativamente a la tentación, comenzando por pensar qué significa hoy "tirarse desde el pináculo del Templo". Para, siguiendo a Rilke, en sus "Cartas a un joven poeta", no exigir respuestas rápidas y habitar el misterio: "tenga paciencia con todo lo que no está resuelto en su corazón y trate de amar las preguntas mismas, como habitaciones cerradas, como libros escritos en una lengua muy extraña". Aquí, en el silencio del desierto, es momento para no rehuir ninguna pregunta, tampoco la de si en un mundo que nos pide constantemente demostrar nuestro valor, ser espectaculares, buscar reconocimiento, nosotros también nos pasamos la vida intentando impresionar, haciendo exhibición incluso espiritual y siendo protagonistas del show que el diablo nos sugiere. *¿Show must go on?*

"Otra vez le llevó el diablo a un monte muy alto, y le mostró todos los reinos del mundo y la gloria de ellos, y le dijo: "todo esto te daré, si postrado me adoras"

(Mt, 4: 8)

Si has visto el Rey León, no habrás podido evitar el eco de la escena en la que Mufasa le enseña orgulloso el horizonte y le promete que, algún día, todo lo que se ve será suyo y estará bajo la corona de su reino. Dirían los clásicos que "ad astra per aspera" y que ya ahí intuimos que, para llegar a las estrellas, el pequeño león va a tener que aprender de las caídas en diversas tentaciones que se le pondrán por delante. Nosotros, mientras tanto, completamos el itinerario de la sospecha, tras Marx y Freud, con Nietzsche, siempre provocador y sugerente con su "último hombre" al acecho.

Nietzsche explota el valor del desierto en provecho de sus intereses filosóficos y le saca todo su jugo revalorizándolo en tono heroico. Para él ese ideal ascético del eremita se repite en todo hombre que abraza el nihilismo: "ciertamente el gran hombre y la gran obra solamente se crían en la libertad del desierto". En Nietzsche el desierto es la ocasión para la afirmación de la libertad, porque el "héroe lleva siempre encima el desierto".

Nietzsche utiliza hasta cinco términos diferentes para designar al desierto: *wüste* (desierto); *einsamkeit* (soledad), *leere* (vacío), *öde* (yermo, desolación), *zwischenreich* (reino intermedio).

Uno de ellos lo utiliza como expresión icónica de la expansión del nihilismo. Lo hace en los *Fragmentos Póstumos* de 1884-1885 y en los *Ditirambos dionisiacos:* «el desierto crece: ¡ay de aquel que dentro de sí cobija desiertos!...». El hombre es el que hace crecer los desiertos, la muerte. Heidegger entiende este pasaje como la profecía sobre el poder devastador, bárbaro, de la ciencia que aniquila, que no sólo destruye a su paso. sino que impide la vida para el futuro: «la desertización se extiende (...) La desertización no es más que un simple cubrir de arena..., es el rápido curso de la expulsión de *Mnemosyne* (la diosa griega de la memoria, madre de las musas). La expresión "el desierto crece" no procede del mismo lugar que las condenas usuales de nuestra época».

Pero, ¿por qué va Nietzsche al desierto? El filósofo alemán, enfrentándose al día a día de la vida y su devenir, propone el desenfado, la alegría banal, incluso afrontando con orgullo el dolor, para romper con la rutina hipócrita-moralista del mundo. Una sabiduría gozosa recorre sus escritos. Quizá el ejemplo más claro de esto esté en *La gaya ciencia,* que recoge ese espíritu vitalista. La tragedia de la vida, en su multiplicidad y en su caos ininteligible, nos sume en la angustia sin darnos cuenta. Hace falta un acto de la voluntad para sobreponerse a este destino sobrepujando con determinación: el *amor fati,* el amor al destino tal y como es. Esta idea tan nietzscheana, que ya encuentra ecos en el estoicismo o incluso en esas resiliencias contemporáneas, remedios insustanciales de la aristotélica virtud de la fortaleza. No hay nada que hacer contra el sinsentido, contra el azar de todas las cosas, en el reino de Heráclito, sobrepongámonos con una aceptación consciente y orgullosa del *baile* de la naturaleza entre el dolor más insoportable y la orgía más desenfrenada... pero baile, al fin y al cabo. "Mi fórmula para la grandeza del ser humano es *amor fati* —escribe el propio Nietzsche en *Así habló Zaratustra*—, no querer que nada sea diferente, ni en el pasado, ni en el futuro, ni por toda la eternidad. No solo soportar lo necesario, y aún menos disimularlo... sino amarlo (...) esta fue la bienaventurada seguridad que encontré en todas las cosas: que prefieren bailar sobre los pies del azar".

La vida es entendida como un cúmulo de sucesos sin más sentido que el que uno le quiera dar. El intento de ordenar el caos es como crear una gramática para crédulos. En el fondo, en esta idea, Nietzsche sólo parafrasea el libro de la Sabiduría: lo que dicen "los sin dios". La vida es un devenir irracional, no hay leyes, ni orden.

> «*Hartémonos de vinos exquisitos y de perfumes, no se nos pase ninguna flor primaveral, 8 coronémonos de rosas antes que se marchiten; 9 ningún prado quede libre de nuestra orgía, dejemos por doquier constancia de nuestro regocijo; que nuestra parte es ésta, ésta nuestra herencia.10 Oprimamos al justo pobre, no perdonemos a la viuda, no respetemos las canas llenas de años del anciano.11 Sea nuestra fuerza norma de la justicia, que la debilidad, como se ve, de nada sirve.12 Tendamos lazos al justo, que nos fastidia, se enfrenta a nuestro modo de obrar, nos echa en cara faltas contra la Ley y nos culpa de faltas contra nuestra educación*».
>
> (Sb 2, 7-12)

Vámonos al cine. El inolvidable personaje cinematográfico de Forrest Gump (1994, Robert Zemeckis) no se rebelaba contra el destino, sino que, de alguna forma, lo abrazaba. Todo lo que le sucedía, lo vivía con apertura y aceptación, sin lugar para la queja ante las tragedias. ¿Quién no se acuerda de aquella mítica frase: "mamá siempre decía que la vida es como una caja de bombones, nunca sabes lo que te va a tocar". Menos conocida, pero con ecos que nos resuenan, al menos en parte, a ese amor fati es esta otra: "no sé si cada uno tiene un destino, o si solo flotamos por ahí como en una brisa. Pero creo que tal vez sean las dos cosas". En realidad, como vemos, Forrest Gump no pretende "resolver el misterio", sino que nos presenta una curiosa aceptación de la realidad que tiene delante, con el azar y la necesidad, y el caos y el propósito entrelazados.

Zorba el griego (novela de 1946, Nikos Kazantzakis, y adaptación cinematográfica dirigida por Michael Cacoyannis en 1964), es un personaje nietzscheano, entregado a la aceptación del placer y la tragedia: "Vivir significa lanzarse al abismo y salir volando".q

Dionisio es, sin pretenderlo, nuestro salvador. Es la propuesta del profesor Keating cuando parafrasea estos versículos del libro de la Sabiduría en El club de los poetas muertos. Un carpe diem simplón que se convierte en estilo de vida dionisiaco. Según Nietzsche, este dios histriónico, audaz, de múltiples caras, nos salva ayudándonos a asumir con aceptación gozosa la ambigüedad de la naturaleza: neguemos al dolor la salida idealista de que tiene sentido y riámonos a carcajadas de él; superemos la resignación, afirmemos el sinsentido, exhibamos sin rubor nuestra repugnancia hacia la lógica de las cosas, y sobrevivamos como niños, sin pensar: jugando hasta el éxtasis, echando a volar las tabas una y otra vez, y lloremos, cuando toque, sin esperanza, cuando el dolor llame a la puerta sin remedios paliativos. Del caos de las partículas surge la esplendorosa luz de la supernova. Aceptemos la tragedia con una gran carcajada. El orden en la naturaleza es un anhelo religioso, el último estertor apolíneo que hay que desechar.

> «Al estallar la catástrofe trágica, vemos más que nunca claro que la vida es una pesadilla, de la que conviene despertarnos. Desde este punto de vista, la impresión trágica es análoga a la de lo sublime dinámico, puesto que nos eleva como ésta por encima de la voluntad y de sus intereses y nos lleva a amar la contemplación de aquello que la voluntad repugna en absoluto. El arrebato sublime que todo lo trágico envuelve, nace de que nos hace ver que el mundo y la vida no pueden ofrecernos verdadera satisfacción, y que, por consiguiente, no merecen que nos apeguemos a ellos; en esto está la esencia de lo trágico y por ello este sentimiento nos conduce a la resignación».

Camus lo celebra en el capítulo final de El mito de Sísifo cuando escribe "Sísifo, proletario de los dioses, impotente y rebelde, conoce toda la amplitud de su miserable condición: en eso reside su victoria". En Breviario de la podredumbre, Emil Cioran exhibe una sonrisa que podría dibujar nuestro citado Jocker: "la tragedia más profunda se vuelve soportable si se la enuncia con una sonrisa. Así nacen los grandes nihilismos sin sentido". Me parece estar viendo al teniente Kilgore, en *Apocalipsis Now* (Francis Ford Coppola, 1979) gritando "¡qué delicia oler napalm por la mañana! Por si eres algo más joven y aún no has visto la película de Coppola, te resonará en los oídos la canción de Marily Manson, *We are the chaos* (2020). Perdón por la grosera aceptación visceral de la confusión vital: "we are sick, fucked up and complicated. We are chaos, we can't be cured". Probablemente Nietzsche lo cantara entusiasmado, porque para él no es posible ir contra la corriente impetuosa de la naturaleza. No somos más que un animal, parte indistinguible de esa misma naturaleza, somos ella misma. El cristianismo y la metafísica serían intentos antinaturales, idealistas, de ir contra la aceptación de su sinsentido.

Como esta corriente es ingobernable, a pesar de los intentos moralistas de manejarla, a los hombres sólo les queda el resentimiento, el sentimiento de culpa, casi siempre diferida, porque es insoportable la vuelta sobre uno mismo. En el fondo, todas las soluciones humanas no son más que intentos de resignación trágica, frente a la furibunda marcha inexorable del loco devenir de las cosas del mundo, del sufrimiento, de la enfermedad, de la vejez y la locura dolorosa que a veces nos impone la "naturaleza". Parece como que Macbeth tiene razón: "la vida es un cuento contado por un idiota, lleno de ruido y de furia, que no tiene ningún sentido".

El desierto sería la solución ascética reactiva contra la locura de la historia. Retirarse es conceder que no hay sentido, y por tanto considerar va no cualquier intento de encontrarlo, pero metamorfoseado en el espíritu religioso como una vuelta de tuerca más, para comprobar si en el interior de la mente –concentración, oración, lucha contra los espíritus del mal–se encuentra ese paraíso perdido, esa promesa divina.

La *voluntad de saber,* de Faucault, como la última fórmula del hombre vuelto natural, no le va a la zaga de esta multifacética "voluntad de poder". La ciencia nos reafirmaría en este poder impío de la naturaleza, con su capacidad de destruir y de manipular al hombre como si fuera una cosa, reduciéndonos a la pura biología o físico-química. Parece obligarnos a decir resignadamente, pero con orgullo, con Spinoza, Dawkins o Singer, que nada podemos hacer contra el *regnum potentiae,* el reino del poder, tenemos que conformarnos con ser un animal de una especie rara:

> *«... no es posible "denaturer la nature" (desnaturalizar la naturaleza)».*

Resuena en esta frase un sentimiento de impotencia, y por tanto de resignación. La historia de Occidente parece esta guerra sin cuartel contra la naturaleza, como si fuera la ilusión más humana des-hominizarse. Ahora que ha llegado él, ese intento de desnaturalizar sobrenaturalizando —como juzga que hace el cristianismo— se ve claro que es el refugio del hombre resentido, del *homo religiosus.* No hay nada que hacer para escapar de la naturaleza. La agresión de la religión contra la naturaleza es una batalla pírrica, no hay nada que hacer, está perdida de antemano. La naturaleza no puede nada yendo contra sí misma, por tanto, al final se impondrá. En un giro de muñeca, Nietzsche, el gran trilero, nos dio la solución: si no puedes con tu enemigo únete a él. Hagamos al hombre naturaleza pura y dura. ¿Y cómo es la naturaleza? Un eco neo-darwiniano asoma por el horizonte: ¡que sobrevivan los señores!

Los que más aguanten el dolor, los héroes, los creadores de los nuevos valores señoriales. Los que no teman a nada, los que no se rigen por el miedo, los que amen el desierto, de ellos es el reino... de la naturaleza. Pero hasta que lleguen estos superhombres creadores y libérrimos, los mejor dotados, que exterminarán a los peor dotados siguiendo la lógica implacable del discurso, habrá que pasar por la desgraciada era de los últimos hombres, los mejor adaptados a la nada que todo lo envuelve. Mediocres, sin pasiones profundas ni ambiciones nobles. Hombres que se ríen del superhombre y de sus ideales heroicos. El símbolo, en definitiva, de un nihilismo pasivo. Son los humanos animados de esa delicia de película que es Wall-E (Pixar, 2008), en la que, en un futuro postapocalíptico, los humanos viven en una nave donde todo es automático y placentero; han engordado, no caminan y se comunican por medio de pantallas. Parecen una profecía de los hikikomoris, esos muchachos con una fobia social profunda, que permanecen recluidos en sus habitaciones, conectados a una vida online. Son, por desgracia, demasiado reales; en Japón, los últimos datos oficiales (2022), hablan de 1,46 millones de personas diagnosticadas, lo que supone un 2% de su población.

Los *últimos hombres* reales, incapaces de sufrir, de entender el sufrimiento o sacarle provecho, desisten de los caminos de domesticación del hombre a través de la religión, la educación humanista, y también se abren a la auto-operación, a las prótesis – Henry Atlan _ y al transhumanismo – Nick Bostrom–: a crear una nueva humanidad que supere el dolor y los límites de su naturaleza precaria. Huyendo del rebaño, del gregarismo, afirman que son todos carneros o sementales con pedigrí, pero sólo repiten una y otra vez la misma fórmula. En *Así habló Zaratustra,* escrita diez años después de Consideraciones intempestivas, en las que ya hablaba de los últimos hombres, arremete de nuevo contra estos, citándose a sí mismo persistiendo en su genial intuición. No era eso lo que quería que llegase. Será, no obstante, una época de transición hasta la llegada del superhombre. Por eso, mientras éste se retrasa, Nietzsche se lamenta:

«*¡Ay! Llega el tiempo en que el hombre no dará ya a luz ninguna estrella. ¡Ay! Llega el tiempo del hombre más despreciable, el incapaz ya de despreciarse a sí mismo. ¡Mirad! Yo os muestro el último hombre. "¿Qué es amor? ¿Qué es creación?*

¿Qué es anhelo? ¿Qué es estrella?" - así pregunta el último hombre, y parpadea.

La tierra se ha vuelto pequeña entonces, y sobre ella da saltos el último hombre, que todo lo empequeñece. Su estirpe es indestructible, como el pulgón; el último hombre es el que más tiempo vive.

"Nosotros hemos inventado la felicidad" - dicen los últimos hombres, y parpadean. Han abandonado las comarcas donde era duro vivir: pues la gente necesita calor. La gente incluso ama al vecino y se restriega contra él: pues necesita calor. Enfermar y desconfiar considerándolo pecaminoso: la gente camina con cuidado. ¡Un tonto es quien sigue tropezando con piedras o con hombres! Un poco de veneno de vez en cuando: eso produce sueños agradables. Y mucho veneno al final, para tener un morir agradable.

La gente continúa trabajando, pues el trabajo es un entretenimiento. Mas procura que el entretenimiento no canse. La gente ya no se hace ni pobre ni rica: ambas cosas son demasiado molestas. ¿Quién quiere gobernar? ¿Quién aún obedecer? Ambas cosas son demasiado molestas.

¡Ningún pastor y un solo rebaño! Todos quieren lo mismo, todos son iguales: quien tiene sentimientos distintos marcha voluntariamente al manicomio.

"En otro tiempo todo el mundo desvariaba" —dicen los más sutiles, y parpadean. Hoy la gente es inteli-

gente y sabe todo lo que ha ocurrido: así no acaba nunca de burlarse. La gente continúa discutiendo, mas pronto se reconcilia —de lo contrario, ello estropea el estómago. La gente tiene su pequeño placer para el día y su pequeño placer para la noche: pero honra la salud. "Nosotros hemos inventado la felicidad" - dicen los últimos hombres, y parpadean».

Esta gran alegoría nietzscheana del último hombre es perfecta. El gran relato posthumanista de Sloterdijk, que intenta dar cuenta de la unidad de la evolución humana desde sus mil veces escenificados orígenes, se sitúa en el reconocimiento cómico y dramático de la versión del hombre como especie biocultural, y recuerda inevitablemente esta imagen de Nietzsche. La similitud con lo que desde la corriente de pensamiento cristiano se llama *cultura de la muerte* es inequívoca. No vamos a repetir a Nietzsche, pero es bueno asociarlo a lo que podíamos llamar cultura hedonista: culto al cuerpo y a la salud, miedo a la enfermad y la muerte, mentalidad políticamente correcta, igualitarismo temeroso de la diferencia, educación cortés, pero en el que el adjetivo "cultura" no es más que una excrecencia, un exabrupto, una comedia de la necesidad creada de la nada para cada ocasión.

El hombre va a ser rediseñado genéticamente, o cuando menos va a ser un puzle protésico. La cultura se añade a la biología cuando nos interesa que ésta confirme que es una mera extensión adaptativa de la obsoleta "naturaleza humana": por ejemplo, cuando se trata de definir el sexo como una cuestión de decisión cultural. Cuando no interesa defender que somos un ser cultural, simbólico, se expulsa el concepto y no somos más que un animal errante con infinita capacidad de adaptación. En la fuga del hombre de su realidad sufriente se piensa y se construye a sí mismo como un ciborg, como un servo mecanismo hecho de trozos de carne: implementando su capacidad sexual, obsesionado con su cuerpo y su salud, alimentándose de anabolizantes y vitaminas, adecuando su ser a su querer. Sloterdijk elabora su ensayo sobre lo que él denomina *hiperpolítica,* con el fin de mostrar claramente el suceso antropológico fundamental del mundo actual: la creación del hombre por el hombre. Un relato en el que intervienen, Nietzsche por un lado y Heidegger por otro, como dos mentalidades que confraternizan confrontadas con una radical ruptura entre épocas y sensibilidades.

Estamos construyendo al hombre desde la nada que ha dejado la muerte de Dios. Pero lo estamos convirtiendo en un ser fragmentado, un conjunto de piezas ensambladas en función de la eficacia y de la prolongación de la vida. Estamos creando una nueva teología *ateológica* que deberíamos llamar teo-antropología, porque es un discurso con características teológicas para hablar sólo del hombre. El Estado aparece como cosmos benefactor, el gobierno de turno como el Dios creador y la medicina como el remedio del cuerpo –desposeído ya para siempre de alma. "Desposeído de alma" porque es, precisamente, a este nuevo materialismo biologicista al que le interesa seguir pensando al hombre en términos dualistas para descalificar fácilmente a una seria antropología metafísica y no tener que repensar el singular *puesto del hombre en el cosmos*. Este hombre cosmético ya no puede mirar hacia arriba, está constreñido en sus límites corpóreos como si fuera un robot carnal, pero sin advertir contradicción en que esa máquina humanoide se mira a sí mismo desde fuera.

Ahora que está tan de moda resignificarlo todo, sería una suerte de resignificación atea de la soteriología, una nueva fórmula de salvación inmanente. Aunque, en verdad, no se trataría tanto de una salvación como de una liberación, puesto que no remite a ningún salvador. Tú puedes liberarte a ti mismo, en una identidad muy abierta, supuestamente sin límites, que a la postre, obviamente, sí los tiene y acaba por desembocar en una frustración colectiva cuando nos damos de bruces con la realidad.

Hay en este planteamiento de vida posthumana, un desprecio profundo por la carne y la materialidad. Nos hemos entregado a una suerte de vigorexia

existencial para terminar por despreciar la carne. Hemos dirigido nuestra vida a un éxito que siempre pide más en lugar de ambicionar, por paradójico que parezca, una excelencia a la inversa; un éxito, sí, pero que habría que tener en la propia muerte, como afirma con paradójica gracia Hadjadj. Y, solo a partir de ahí, o de ahí hacia atrás, un éxito vital, en la medida en que la muerte ha de ser maestra de vida.

¿Qué es el nihilismo imperante sino un progresivo olvido de que el Verbo se hizo carne? Nos hemos entregado, al fin, a la tarea de liberarnos del cuerpo, entendido como cárcel, liberarnos de ese molesto cuerpo orgánico para seguir viviendo en cuerpos de silicio, para buscar más allá, trans-humanamente, lo que deberíamos buscar más adentro. "¡Qué paradoja más triste: aspirar y confiar en llegar más allá de lo humano y quedarnos cortos en humanidad!", escribe Josep María Esquirol.

En definitiva, no se acepta la dimensión del homo patiens, del ser humano que constitutivamente es un ser sufriente y que tiene la posibilidad de convertir ese sufrimiento en ocasión de crecimiento personal, en ocasión propicia para la Gracia. No es posible porque se parte de la tesis de que la realidad no es bella, de que estamos mal hechos, incompletos y que estamos obligados a mejorarnos, en un rastro de verdadera humanidad cuando plantean el anhelo de infinito, pero equivocado al colocar un posible medio como fin último, al prometernos una vida posthumana después de ésta. Black Mirror, la popular distopía tecnológica, nos lo cuenta tal cual en el primer capítulo de la segunda temporada (Vuelvo enseguida), que parte de un accidente provocado por la adicción digital del protagonista, Ash (ceniza), de nombre más que simbólico. Ash fallece en un accidente de tráfico y a su pareja, en pleno duelo, le van a proponer "recuperarlo". Exactamente, recuperar a otor Ash, rehecho con lo que él mismo dejó colgado de sí en la nube, en su prolífica vida online.

Esta máquina que seríamos necesita mecánicos que la reparen. Thomas Szasz lo bautizó con la expresión de "teología de la medicina". El "último hombre" amparado bajo el Estado del bienestar en cuyo seno se absolutiza el valor de la salud, en la que la figura del médico –peón del "Estado terapéutico"– adopta el papel del antiguo curador eclesiástico del alma, ahora reconvertido a la verdad secularizada de la ciencia y capaz de ejercer una función de control y tutelaje de la vida cotidiana de la población: alimentación, higiene, vida sexual, hábitos de uso extramédico de sustancias prohibidas, al servicio de una sociedad narcótica y anestesiada. Asistimos así a una forma contemporánea de desnaturalización de los acontecimientos fundamentales de la vida humana semejante a la que, según Nietzsche, ejerció el asceta antiguo. Hoy, las nuevas fórmulas ascéticas (la dietética, la biótica, el deporte, y demás medias profilácticas) son la única salida que se le ofrece al hombre ante el sufrimiento inaplazable. Más tecnología para reparar los daños colaterales de la tecnología. Estamos ante lo que Ivan Illich denominaba: "némesis médica".

¿Podríamos decir entonces, que lo ascético del retiro al amparo al desierto, de los tránsfugas de la vida por motivaciones religiosas, es equivalente al actual refugio en la medicina, el culto al cuerpo, la biotecnología, el Estado paternal?

Jean Pierre Dupuy nos dice que estamos también construyendo nuevos desiertos, el catastrofismo es iluminador. Nos abre el horizonte de la necesidad de la alienación legitimada con orgullo. Es como si el desierto fuera un lugar que sólo puede ser deseado por los que podrían evitarlo. Si esto es así hemos de buscar la razón por la que es buscado en todos los momentos de la historia. ¿Será la necesidad de un nuevo inicio, de empezar de cero después del apocalipsis y la desolación que dejará? Es el momento inevitable para que cada uno se pregunte qué hace en este desierto. Cómo y por qué has llegado hasta aquí.

Jesús es sometido a esta prueba, porque se está presentando ante su pueblo como el Nuevo Israel. Israel en el desierto, fue sometido a esta prueba de idoneidad como candidato a ser el pueblo elegido. Su paso por el desierto comportó momentos de desconsuelo, de miedo, de sufrimiento, es decir, de tentación que les invitaba una y otra vez a volverse al pasado, a Egipto. Detrás de las fórmulas humanas de afrontar la dureza de la vida mediante alienaciones aparece el retorno, el eco del paraíso, aunque bajo la tosca forma de la seguridad añorada "de las cebollas y los ajos", que muchos recordarán todavía colgados en ristras colocadas en lugares ventilados y secos, pero que también se guardaban en alacenas oscuras e incluso se enterraban en ceniza.

La alienación, concepto marxista que apuntaba a dejar que otros decidan por ti, a aceptar las ofertas de salvación que sirvan de autoengaño para no asumir el sinsentido de la historia, a usar fórmulas para huir del sufrimiento, es para nosotros un don de Dios que ama la libertad del hombre más que su proyecto para con nosotros, como decía Bernanos. Por paradójico que resulte, por eso tolera esa búsqueda infinita de apoyos (ídolos), para que si el hombre se aviene en algún momento de su vida a Su plan (el de Dios), lo haga libre y gozosamente. Sería formar parte de un circo teatral ridículo un hombre sometido al destino o a la voluntad de un Dios. Eso es lo que celebra la tan conocida oración de san Agustín, en las *Confesiones,* cuando escribe: "Tarde te amé, hermosura tan antigua y tan nueva, tarde te amé. Y tú estabas dentro de mí, y yo fuera, y por fuera te buscaba ...". O esas conmovedoras palabras de san Francisco de Asís, ante el leproso, cuando dice: "lo que antes me parecía amargo, se me torno en dulzura del alma y del cuerpo".

El hombre ante el dolor tremens, que intuye que se le echa encima, acepta cualquier dolor que se piense menor. Israel escuchó –shemá– en el desierto una propuesta que consistía en amar a Yhwh con todo el corazón, con toda su mente y con todas sus fuerzas. Esa demanda quedó grabada para siempre en el ritual cotidiano. Todo israelita reza el shemá dos veces al día. Allí donde Israel salió derrotado porque murmuró en su corazón contra Dios por el aburrimiento del maná, por la falta de pan y de seguridades (el combate con las manos –fuerzas- con las que uno trabaja para asegurarse el pan); allí donde Israel sucumbió a la tentación de exigirle a Dios, ante la falta del agua, que cambiase lo que no entendía y no aceptaba de los acontecimientos de su historia (el combate que libramos con nuestros pensamientos, con la mente: el suceso de Masá y Meribá cuando estaban muertos de sed - Éx 17, 7); y allí donde cedió a la idolatría, y vendió su alma a los ídolos (el combate con el corazón, cuando no se acepta la historia que acontece caprichosamente, el hombre pide a los ídolos –becerro de oro-, a la religión o al Estado, que se la cambie: Sinaí) con tal de calmar la angustia. Israel sucumbió a la tentación: exigió el pan, intentó cambiar la historia y adoró los ídolos de los cananeos. Nada diferente de lo que vivimos hoy en nuestra historia: la lucha por la supervivencia, el culto a la ciencia y a las ideologías de moda, el altar en el que sacrificamos todo al "yo".

Cristo – el Nuevo Israel, según la exégesis neo-testamentaria– parece salir victorioso de todas esas tentaciones. La cruz es el resumen simbólico, trágicamente, de esa victoria paradójica: le crucificaron la mente con una corona de espinas —ante la pregunta *¿y qué es la verdad?,* calló porque ya había aceptado ser el *siervo,* el *ecce homo*—... por tanto amó a su Padre con toda la mente; el corazón le fue atravesado por una lanza, por tanto le amó con toda su alma —*que pase de mí este cáliz pero que no se haga mi voluntad*—; y le clavaron pies y manos, luego le amó con todas sus fuerzas —*no sólo de pan vive el hombre.*

La imagen que el evangelista nos presenta de Cristo en el desierto es la perfección estética de este Nuevo Israel. La clara conciencia de este *shemá* vivido por Cristo se nos muestra en su parábola del sembrador: el que escucha solo con la mente, no fructifica, lo mezcla todo y le dura lo que tarde en interpretarlo a su manera y manipularlo; el que escucha sólo con el corazón, se le diluye pasada la emoción primera en una confusión de sentimientos enfrentados; el que escucha con la mente puede espiritualizar y no escuchar "con todo el hombre que somos". Lo interesante de la hipótesis es que todo ser humano pasa en la vida por esta interrogación sobre el sentido del sufrimiento. La universalidad del pánico humano ante la inseguridad y ante la contrariedad que nos suponen las cosas que nos son adversas, nos da una oportunidad, aunque nosotros, tozudos, sigamos confiando demasiado en nosotros mismos.

Todos esos aspectos de las carencias en la existencia cotidiana podría resumirse en la necesidad de seguridad —expresada en el Antiguo y Nuevo Testamento en el *maná* y en el *pan del cielo,* respectivamente—, y que puede ser traducida en la actualidad en cuestiones como el dinero o la salud. En el mundo político, económico y empresarial, todos los dilemas parten de esta exigencia de seguridad. Buscando asegurarse contra la incertidumbre, la arbitrariedad e imprevisibilidad de los sucesos del mundo de la vida que nos amenazan, los hombres matan, mienten, chantajean, utilizan técnicas de seducción, o contratan seguros de todo tipo que para pagarlos les impelen a trabajar sin descanso. Y, en última instancia, si todo lo anterior nos es adverso, los hombres intentan manipular, buscar alternativas y comprar lo que no se les ha dado gratis. De esta manera idolatramos la belleza, la gloria, la fama, y hacemos lo que sea por conseguirlas en nuestros pequeños mundos. Somos grandes fabricantes de ídolos.

Tal vez para intentar vencer estas tentaciones *humanas, demasiado humanas,* se iban al desierto los anacoretas, a imitación de Cristo, pero su motivación, sin duda, puede que fuera algo más que narcótica o masoquista. Era la libertad absoluta lo que buscaban, como hemos señalado, no se trataba de una *fuga mundi.* El modo es idéntico, la intención es diferente. Queda bien recogido en los anales de la historia cuál era la motivación de los monjes que se iban al desierto: la imitación de Cristo. ¿Cuál es la experiencia de Cristo que resulta tan atractiva y digna de emulación a los monjes? De la experiencia del desierto, tal como la relata Mateo, Jesús sale reforzado con una seguridad, libertad y estima desconocidas: cualquier atadura, miedo o desconfianza que pudiera condicionar su vida pública queda superada, porque ha fortalecido su confianza en la paternidad de un Dios amor. Nada le falta si Dios es. Todo está bien hecho si es Creador.

La alienación y el *cinturón ascético cósmico* son cosas de las ideologías de todo signo, y de la psicología de autocompensación del dolor humano y de las religiones sacrificiales expiatorias. Es decir, no nos valen las ideologías que nos *"ilusionan"* con soluciones narcóticas ("repararemos todas las injusticias", "erradicaremos el dolor de nuestros cuerpos", "encontraremos el culpable de nuestras desgracias y lo exterminaremos"). Tampoco las religiones antiguas y nuevas, cuya lógica sacrificial consiste en encontrar chivos expiatorios que carguen con nuestras culpas –hombres o animales-, o en huir mediante técnicas egocéntricas o autorreferenciales de meditación, del otro que nos hace daño, son la solución. En los hombres de hoy, los *últimos hombres* nietzscheanos, no hay consciencia ni reflexión sobre el verdadero origen del dolor humano, solo medidas profilácticas postreras. O, mejor aún, se ha asumido en la antropología actual –que reduce lo humano a lo animal sin rubor– que sólo duele la carne y para eso ya tenemos la solución: psicofármacos pagados por el Estado o drogas. Cuando se añade la sensación de riesgo al placer narcótico, hablamos de *felicidad sintética y espectral,* como nos advierte Sloterdijk. Aparece entonces la vida como reto o juego contra la muerte. Irrumpen en el escenario deportes de riesgo, actitudes suicidas, guerras como motivación para vivir, personales, sindicales o colectivas, que provocan sin querer, como un daño colateral un desierto no querido donde abunda la sed insaciable y la soledad más indeseada. Sin querer, e indeseado, porque el demonio cuando tienta no lo hace ofreciendo la alternativa entre el bien y el mal, su ladina inteligencia presupone también la de los hombres a los que tienta, sino como dice C.S. Lewis entre un bien cualquiera y un bien aparentemente mayor.

Pero, como hemos apuntado, en el origen de este movimiento hacia el desierto, en lo que toca al cristianismo, hay algo más que huida, como es el caso de la oferta del mundo, el demonio y la carne. El dilema que se le plantea a Cristo, y en él a todo hombre, en esta última prueba en el desierto es en qué consiste la voluntad de su Padre y cuál es el medio idóneo para cumplirla. ¿Pasa por mostrar la gloria de un Dios o pasa por el rechazo, por la cruz, por hacerse uno con el sufrimiento del hombre común? Jesús, aunque parezca absurdo –entrar en la "voluntad del padre" y cargar con el rechazo de los demás–, parece aceptar esta segunda opción que, en última instancia, le llevará a ser ejecutado en la cruz como un criminal.

Ahora bien, cumplir la voluntad del padre tiene una extraña y opuesta simetría con la *voluntad de poder* del superhombre. El superhombre hace su propia y libérrima voluntad, pues es afirmación pura. El Hijo parece renunciar a su voluntad en favor de la de su Padre, y éste parece que acepta el ofrecimiento de su Hijo como cordero sacrificial. La figura del cordero sacrificado que se ofrecía en la Pascua, y el día del *Yom Kippur,* parece ser asumida por el Hijo como suya propia, con un interés teológico extraño, como si hubiera de pagarse el rescate por una ofensa infinita, con una vida finita. La historia de la teología muestra esta extrañeza desde Orígenes a Edith Stein o François Varonne, pasando por San Anselmo: ¿se trata de un Dios sádico, que se complace con el olor de la sangre del Hijo del Hombre y por ende de la de los hombres? ¿Por qué hay que *pagar por?* ¿Quién y por quién?

Que otro pague por la culpa de alguien o asuma sobre sí la muerte que le corresponde a otro, por las leyes o las costumbres, es lugar común del helenismo. La muerte de Dionisio en el orfismo poseía un efecto expiatorio para aquellos que participaban del rito. Traemos a colación a Dionisio porque es tan importante para el paganismo y para Nietzsche, pero no es más que el paradigma de aquel sobre el que descargamos nuestra ira, nuestras desavenencias, le hacemos culpable de nuestras desgracias, y sobre cuya espalda depositamos la confianza de que con su muerte volverá a nosotros la paz, la sanación, la felicidad, el orden alterado por la hiriente libertad del otro. Se trate tanto de una guerra cruel, al estilo de las que nos asolan actualmente en Ucrania, Palestina, Siria o Sudán, como de una ruptura de amistad, matrimonial o de un fracaso profesional.

El cristianismo es el único que pone el dedo en la llaga sobre la mentira de la eficacia de una expiación vicaria. Dios no acepta sacrificios ni holocaustos. La relación con lo divino contaminada por la psicología humana que nos hacía pensar en el compromiso, el sacrificio masoquista, a la que le resulta inaceptable la autodonación totalmente gratuita, porque ya no sirve.

Las huidas hacia adelante, ante la humillación que supone la impotencia para cambiar las cosas, para superar el sufrimiento, para volverse atrás sin dar señales de rendición, son igual de problemáticas que la timidez o la hipocresía del débil que oculta su resentimiento bajo la pátina de la falsa humildad. El orgullo dionisiaco puja sobre la tentación de aceptar el mal como un designio enriquecedor, y muestra el perdón como debilidad, como una fórmula miedosa para compensar con subterfugios el mal inevitable o para revertirlo en última instancia en un bien. En todo caso se puede hablar de compasión en el helenismo, como la de Aquiles por Priamo, pero no de perdón que lo reconstruye todo, que regenera todas las cosas de nuevo. El poder y la gloria son la expresión de la humanidad orgullosa después de haber matado a Dios.

> *«¡Dios ha muerto y nosotros lo hemos matado! ¿Cómo nos consolaremos, los asesinos de todos los asesinos? (...) Lo más sagrado y más poderoso que el mundo hasta ahora poseyó se ha desangrado bajo nuestros cuchillos. ¿Con qué agua podríamos purificarnos? ¿Qué ceremonias de expiación, qué juegos sagrados, habremos de inventar? ¿No es la grandeza de este acto demasiado grande para nosotros? ¿No tenemos que devenir dioses nosotros mismos, para, al menos, parecer dignos de ella? ¡Nunca tuvo lugar un acto más grande -y, para siempre, quien nazca después de nosotros pertenece, en virtud de este acto, a una historia más alta de lo que toda historia lo fue hasta ahora!»*

Este texto, leído en pleno desierto, acongoja. Por no decirlo más fuerte. Estamos solos, nos hemos de dar a nosotros mismos la gloria, y el único camino es el orgullo que apuesta por la huida hacia adelante. No tenemos consuelo, no tenemos ya juegos sagrados que inventar, hemos de aceptar ser dioses mal que nos pese, nunca hubo un acto más grande, la historia más alta de toda la historia. Los hombres, según Nietzsche, después de este crimen esperanzador, ilusionante, pletórico de buenas intenciones morales, han optado por refugiarse en la mediocridad, han apostado por la estrategia perversa vergonzante. La modernidad tenía dos vías: la postura orgullosa y autosuficiente que solo reconoce al yo como fuente de la moral o la de encerrarse tímidamente cada uno en sus miedos y desamparos, creando una moral de mendigos, de siervos hipócritas igual que los adoradores del Dios asesinado. Esta segunda es, para Nietzsche, la que han elegido *los últimos hombres:* suciedad virtuosa, paz ambigua, compromiso cobarde propio de los débiles.

«De esa modernidad hemos estado enfermos, - de paz ambigua, de compromiso cobarde, de toda la virtuosa suciedad propia de sí y el no modernos. Esa tolerancia y largeur *(amplitud) de corazón que "perdona" todo porque "comprende" todo es* sirocco *(siroco) para nosotros. ¡Preferible vivir en medio del hielo que entre virtudes modernas y otros vientos del sur!... nosotros fuimos suficientemente valientes, no tuvimos indulgencia ni con nosotros ni con los demás; pero durante largo tiempo no supimos a dónde ir con nuestra valentía. Nuestro* fatum *(hado) era la plenitud, la tensión, la retención de las fuerzas. Estábamos sedientos de rayo y de acciones, permanecíamos lo más lejos posible de la felicidad de los débiles, de la "resignación"... Había en nuestros aires una tempestad, la naturaleza que nosotros somos se entenebrecía – pues no teníamos ningún camino. Fórmula de nuestra felicidad: un sí, un no, una línea recta, una meta...».*

Nietzsche no es un mediocre del tipo "último hombre". Él es la afirmación de la afirmación. Por sí misma es un bien, porque la afirmación está *más allá del bien y del mal,* está más allá de la resignación de los débiles. Es la amoralidad del niño. Su acción está dirigida a darse gusto en todo. En la afirmación, el sí o el no es lo importante. Podría ser que lo que se afirmase fuese lo que el cristianismo *(otros vientos del sur)* entiende como mal, como si fuera un bien para la nueva transvaloración de los valores. Como si la bondad o la humildad fueran reliquias cristianas, estrategia perversa de los que se unen en su debilidad contra los fuertes de alma solitaria y que hay que extirpar de la faz de la tierra. Pero es la pescadilla que se muerde la cola.

Nietzsche dice amar lo que odia y cae en su propia trampa: quiere liberar al hombre de la moralina hipócrita, pero tal vez logra su contrario, le hace prisionero de su propia y engañosa grandeza; una prisión o destino que esconde un carácter autodestructivo. No advierte que ha sido tentado y caído prisionero de esa tentación: la de afirmase a sí mismo, vivir sin más dios que uno mismo entraña un grave peligro. Si cada hombre es el guionista de su historia, si ya no hay Dios al que echarle la culpa, se volverán contra mí mis propias decisiones, mi biografía, a la que él llama *fatum* (fatalidad o destino), y que pesará como una losa insoportable. Se me presentará como única solución al fracaso lo que los existencialistas como Sartre denominarían el último acto de la libertad, la única que poseo: el suicidio. Hemos hablado antes de la interpeladora actualidad que tiene este tipo de "condenación a ser libres". Cierto que sería gratificante para el orgullo, pero gloria pírrica que después de suicidarse no quede nadie para dar cuenta del acto de soberbia de una voluntad infantil. En cambio, lo que sí queda, es un eterno reproche que con frecuencia caerá como pena culpable sobre aquellos que con mi acción denuncié, y que no han sabido amarme. "No os culpéis por lo que he hecho", aparece con frecuencia en las cartas que los suicidas dejan escritas. Vana pretensión porque es la pretensión escondida. Ese tipo de culpa es un fardo que se puede llevar a la espalda mucho tiempo. Tal vez por eso, a la vez, el suicida, en su carta, suele también incluir una petición expresa de "perdón".

> *«La afirmación de uno mismo culmina en la negación de uno mismo. La voluntad de auto-divinización es una voluntad de auto-destrucción que se concreta poco a poco. Esta verdad es la que Denis de Rougemont ha percibido claramente y formulado magistralmente en* L'Amour et l'Occident: *"el mismo movimiento que hace que adoremos la vida nos precipita en su negación"».*

El eterno retorno es el devenir implacable de la naturaleza en sus ciclos de muerte y de vida. Aquí Nietzsche coincide con Freud. Lo tanático y lo erótico se aúnan para dar lugar al hombre nuevo. Este hombre libidinal sólo va al desierto para matar. Es un zorro herido que busca imperiosamente algo que echarse a la boca, o algún otro animal con que aparearse, no importa de qué especie. Todo intento de escapar de este marco tiene que ser comprendido como insoportable e inhumano –en el sentido de antinatural– sublimación o desnaturalización. Atados a la tierra, no hay escapatoria. Se ha dictado sentencia sobre el *porvenir de una ilusión:* condenada a muerte. Mejor aún, habría que decir: enterrada en vida. Arrastrados por una corriente imparable sólo nos queda sacar el último jugo a la vida y darnos por muertos antes de morir, para embriagarnos de todo el elixir vital.

«Lo que cuento es la historia de los próximos dos siglos. Describo lo que viene, lo que ya no puede venir de otra manera: la ascensión del nihilismo. Esta historia ya se puede contar ahora: pues la necesidad misma está aquí trabajando. Este futuro ya habla en cien signos, este destino se anuncia por todas partes; para esta música del futuro ya están aguzados todos los oídos. Toda nuestra cultura europea se mueve desde ya hace tiempo bajo la tortura de una tensión que crece de decenio en decenio como abocada a una catástrofe: inquieta, violenta, precipitada, como un río que quiere acabar, que no reflexiona ya, que tiene miedo de reflexionar sobre sí mismo».

No hay alternativa, o mejor no hay otra alternativa, para Nietzsche, que elegir entre seguir vivo, luchando por una supervivencia siempre amenazada mirándola de frente, o sufrir anclado en una quimera, hasta el final de los días que se acerca. Es un trato sórdido el que nos propone, pero es como casi todo en él, la inversión premeditada del Evangelio, cuya propuesta es la reconciliación o la nada; él prefiere la nada porque elige a Dionisio:

«¿*Se me ha comprendido? - Dionisio contra el Crucificado...*».

Vuelve a ser éste un momento que deja huella. El de identificar las heridas con las que cada uno llegamos al desierto. Y el decidir muy bien qué es lo que vamos a hacer con ellas. ¿Vamos a morir matando, descargando sobre los otros nuestra furia y resentimiento? ¿O puede que las heridas tengan un sentido?

Está claro que la cruz, como opción, es para Nietzsche desierto, servidumbre, anquilosamiento, miedo, resignación. El trato sórdido y dilemático de Nietzsche es sobrecogedor: Dionisio o la religión de los débiles. Pues Dionisio es el *diasparagmos* (descuartizamiento de la víctima), el sacrificio, la nada. Tal vez sea eso lo que un héroe trágico pretenda que asumamos, pero no sé si eso es la consumación de lo humano, o es un apearse patético-trágico de la existencia por miedo al abismo de vivir cada día. He aquí otro de los textos sobrecogedores para cualquier desierto. Nietzsche lo escribe en *Más allá del bien y del mal*:

«Quien con monstruos lucha debe tener cuidado de no convertirse él mismo en monstruo. Y si miras largo tiempo a un abismo, el abismo también mira dentro de ti».

Es duro entrar al juego, porque Nietzsche nos está diciendo claramente que no hay por qué esperar nada. No hay por qué cambiar nada. Sólo endurecerse y arrojarse en brazos del destino. La rabia es superior al resentimiento.

«La crueldad descubierta aquí por vez primera como uno de los más antiguos trasfondos de la cultura, con el que no se puede dejar de contar. El tercer tratado da respuesta a la pregunta de dónde procede el enorme poder del ideal ascético, del ideal sacerdotal, a pesar de ser este el ideal nocivo par excellence, una voluntad de final, un ideal de décadence. *Respuesta: no porque dios esté actuando detrás de los sacerdotes, como se cree de ordinario sino* faute de mieux *(a falta de algo mejor), porque ha sido hasta ahora el único ideal, porque no ha tenido competidor».*

Pero Nietzsche ha encontrado su sentido: él es el rival de Dios, el único con agallas, él es el introductor de Dionisio.

Dionisio afirma todo lo que aparece, «incluso el más áspero sufrimiento».

Nietzsche es el más grande de los sofistas. Sobrepujar al cruel devenir reporta sentido. Propone aceptar el dolor como lo hace la *hybris* del héroe, por eso dice más adelante que el hombre, el filósofo de espíritu libre será el que marque la meta y el fin, que debe afrontar el dolor del error y el destino solitario. Al filósofo-hombre, anacoreta-célibe que no puede casarse porque tiene una misión sacerdotal, evangeliza tras la muerte de Dios. Su repudio del gregarismo es una misión de cara a la humanidad futura. El nuevo Zaratustra tiene que tentar a la humanidad, animarla a despegarse de las ataduras de la fe del rebaño, crear caminos en el desierto, *aventurarse por estos senderos* dolorosos e inéditos:

«... ¡Qué soledad! ¿No es esto doloroso? ¿No es de algún modo trágico este camino intempestivo? ¿Quiénes estarán dispuestos a asumirlo? Nietzsche advierte lo tortuoso que puede ser el encaminarse por senderos sin horizontes, advierte lo doloroso que puede ser el renunciar al «instinto gregario» y afrontar un destino solitario e intempestivo. ¿Qué condiciones tendrá que tener quien se aventure por estos senderos? La llamada está

hecha, los senderos abiertos, el tempo de la vida desenterrado. Se precisa entonces de un tipo nuevo de filósofos, filósofos del futuro, verdaderos psicólogos, una nueva estirpe de «tentadores». Pues es la vida la que se abre paso a través de caminos torcidos sin metas ni fines que la guíen: es el propio hombre, el espíritu libre, quien pondrá a la vida sus metas y sus fines. En este itinerario «no exento de peligro» los tentadores habrán de ensayar la vida a costa de tropiezos y de errores».

Y remarca la impotencia frente al dolor con un prurito de orgullo. Suena a una apuesta a favor del enemigo con el que no se puede luchar: se le halaga para ver si tiene compasión. El dolor moral aceptado es el acicate o antídoto contra el dolor físico.

«Quien sepa extraer un sentido a las últimas palabras del poema adivinará la razón por la que yo lo preferí y admiré: esas palabras poseen grandeza. El dolor no es considerado como una objeción contra la vida: "Si ya no te queda ninguna felicidad que darme, ¡bien! aún tienes tu sufrimiento"».

El reproche soberbio busca la confrontación con Aquél (el crucificado) que es el paradigma del sufrimiento para decirle: yo lo tengo igual y no espero nada. Lo afronta con orgullo. El vértigo es la antesala del héroe, donde espera pacientemente resurgir como el ave fénix de cualquier situación, por muy dura que sea.

¡Cumbre y abismo —ahora eso está fundido en una sola cosa!

Sólo es una paráfrasis de lo mismo que defiende el cristianismo: ¿Que la Cruz es la victoria sobre la muerte? Pues Nietzsche —*homo mimeticus* que a estas alturas de su biografía ya firma como Dionisio— repite lo mismo: cumbre y abismo son idénticos. El vértigo de la cruz sin esperanza es la *cumbre y el abismo,* es el cielo que es infierno. Se ha resuelto la paradoja a favor del último término del binomio.

Ciertamente Nietzsche vino demasiado pronto. Todavía se vivía en dos mundos separados por el dualismo griego y cristiano mal entendido. Ahora ha triunfado el monismo: ya todo el mundo cree que el éxtasis —el clímax— es adorar el abismo. Es un ciclo cerrado sobre sí mismo. La vida no va a ninguna parte. El devenir puro es estatismo puro. Se consume todo en el aquí y ahora. ¿A dónde huir, contra qué luchar? Ya todo es muerte. La risa es sólo ataque de orgullo, cinismo en estado de gracia. *La gaya ciencia* es el estertor de la soberbia del último asesino de Dios. Se comprende que diga san Pablo que el único enemigo que quedará por ser vencido será la muerte:

«*El último enemigo aniquilado será la muerte*».

(1ª Corintios, 15,20-26.28)

Para Nietzsche no hay salida, no cabe esta esperanza, no hay caminos. Vivíamos en la burbuja metafísica de la no-verdad tomada como verdad, de la ilusión tomada como realidad, de la esperanza contra toda esperanza. Habíamos aceptado con pundonor el sinsentido de la vida creyendo que tenía sentido. Pero Nietzsche nos ha querido obligar a tener que aceptar ya que no hay nada, que todos son fuegos fatuos. De lo contrario seremos etiquetados como crédulos, ingenuos y trasnochados, que ven fantasmas de resucitados, que ven caminos para la esperanza donde no hay camino.

«Un ensayar y un preguntar fue todo mi caminar... "Éste —es mi camino,— ¿dónde está el vuestro?", así respondía yo a quienes me preguntaban "por el camino". ¡El camino, en efecto, —no existe!».

Nietzsche fue un genio, un verdadero falso profeta. Ricoeur tiene razón al ponerle en el pedestal de los ídolos del futuro como padre de la gran sospecha. Después de Nietzsche creer en Dios necesita más dosis de fe, de profundidad en la fe. Desarticula la fe infantil o costumbrista. Urge convertirse a su vez en profeta para contrarrestar sus profecías. La pregunta es si estamos dispuestos a convertirnos en profetas. Profetas que clamen... en el desierto.

Es más, Nietzsche es poeta-profeta, lo cual implica un doble reto: competir con él en ditirambos, en metáforas, en capacidad de crear imágenes poderosas. El paso del *bailarín* es un caminar en la experiencia trágica pero desenfadada de Dionisio; es un caminar desdeñando a los agoreros del sentido; un andar inconsciente que mata sin pudor, que invierte los valores, que cree que lo que hace es siempre lo correcto —porque no existe la equivocación en la voluntad de poder—, que en el filo del precipicio siente un vértigo tonificante. No es simplemente que no existe "el" camino, sino que cada "yo" es camino, cada "yo" es un dios.

> *«Todo acontece de manera sumamente involuntaria, pero como en una tormenta de sentimiento de libertad, de incondicionalidad, de poder, de divinidad»*
>
> (Ecce homo)

Así transvalora el hombre-niño, aceptando el instante como lo eterno, lo eterno como el instante. El retorno incansable de lo mismo una y otra vez. El camino solamente es juego de la existencia humana, pero por todos lados somos y estamos en la *insoportable levedad del ser* kunderiana. Y de ahí este sentimiento que nos envuelve, que nos emociona:

> *«Fatal: Dios o bufón (entiéndase: "no", a saber, dolor, sombra y "sí", a saber, sobreabundancia, luz) — eso es lo involuntario en mí (entiéndase: Instinto, necesidad, caminar), eso soy yo... Transvaloración de todos los valores (entiéndase: Felicidad, Instan-*

te, Eterno retorno, Voluntad de poder, Anticristo, Dionisio, fuerzas, cuerpo, Naturaleza), ésta es mi fórmula para designar un acto de suprema autognosis de la humanidad (entiéndase: Gran Victoria, Gran Mediodía)».

Cuando se leen cosas como ésta, que plagan el pensamiento nietzscheano, se deben separar de su vida personal, de sus fracasaos amorosos, de su locura, de su infancia desgraciada, para hacerlas creíbles. Él, el apologeta anticristiano que proclama a los cuatro vientos que todos son resentidos, débiles, y enfermos de ser, nos oculta su propia percepción de ser un fracasado sin reconocerlo. Morir solo, sin que nadie comprara uno de su libros - más que su último amigo, curiosamente un católico como Oberbeck- pone en valor su profecía de que en el futuro seré dinamita, porque entendía que el resentimiento sería la bandera de los últimos hombres.

En el fondo, porque es prometedor para uno mismo, sumidos en la mediocridad cotidiana, el hacernos sentir cargados de divinidad, de destino. El orgullo dionisiaco es reconfortante en nosotros, los últimos hombres, pero no podemos olvidar la responsabilidad de ser coherentes y el final de esa coherencia: adorar el destino, la naturaleza implacable es adorar la violencia y todas sus consecuencias, dar culto a un yo patético, lleno de dolor y resentimiento.

Comparado con esto, el cristianismo sería la pura mediocridad, encubrimiento del resentimiento, refugio de las almas débiles. Desierto como negatividad, alienación en términos marxistas, ilusión en términos freudianos. Moralismo esforzado pero hipócrita, porque según el que fue derrotado por la enfermedad, Nietzsche, es imposible de realizar. El heroísmo, aunque parezca lo contrario en Nietzsche, es siempre negación, desconfianza. Pero la santidad, en el sentido cristiano, aunque a él le parezca lo contrario, es afirmación y confianza, riesgo y aventura, auténtica voluntad de no ejercer el poder y de servir sin doblez.

La actitud de Dios Padre y de Cristo puede parecernos, desde una perspectiva protestante o barroca, asentada en la conciencia colectiva como una especie de crueldad sin parangón posible. Kierkegaard, pensaba que en el centro del mensaje cristiano existía una excesiva exigencia en el hombre para conquistar lo divino. Es fácil interpretar esta actitud como una propuesta sado-masoquista, pues apenas podemos ser siquiera nosotros mismos colgados del madero del sufrimiento. La propuesta cristiana es, a los ojos de los hombres postmodernos, una ética de la excesiva seriedad y, al mismo tiempo, de la hipocresía, porque se nos aparece como imposible de cumplir. La base de esta ética rigorista está en el sacrificio, en el autosacrificio: hacer desaparecer nuestra frágil individualidad en la búsqueda, probadamente imposible en las historias de los hombres, de ser subsumidos en la *Totalidad esencial*. Todo parece un holocausto expiatorio: pagamos por no sabemos qué culpa que nos hemos encontrado, debido a la maldad de un Dios impotente para haber creado un mundo mejor.

Esta lógica de autoinmolación o expiación mística en aras de la verdad – única–total está hondamente arraigada en las viejas tradiciones de sabiduría, por ello no debería sorprendernos si reaparece con connotaciones autodestructivas. Nietzsche lo expresa con su habitual claridad en una carta dirigida a Lou Salomé:

> *«El heroísmo es la buena voluntad para el ocaso absoluto de uno mismo».*

Cuando confluyen todas las condiciones necesarias, se da el paso del desierto de los monjes o de la sala de meditación sufí o zen, a la sala de armas donde se velan las máquinas de matar de los mártires musulmanes, de los héroes trágicos o kamikazes, de los suicidas solitarios. Hay algo misteriosamente común y universal en la violencia extendida por todo el planeta: el terrorismo en sus polifacéticas caras esconde un dios Jano con características dionisiacas. Así, en la base de la tendencia monástica habría una disposición ascética y autoflagelante, la que haría que la huida del mundo se reconvierta –finalmente– en resentimiento contra el disfrute de los placeres de la vida, según Nietzsche. Su ir al desierto, sin embargo, tendría algo de extático: sería la celebración gozosa del propio mundo negado y entregado al ocaso voluntario.

Es la idea que narran los antihéroes dostoievskianos que ejemplifica paradigmáticamente la película de Brad Pitt *El club de la lucha,* en su discurso en los sótanos de la ciudad de New York, este esquizofrénico, doble de Edward Norton, que ha organizado un club de fracasados que sobrepujan sobre su condición de infrahombres resentidos, luchando unos contra otros para prepararse para la destrucción del mundo, dice: "somos los hijos malditos de la historia. No hemos conocido una guerra, ni una gran depresión, hemos crecido pensado que algún seríamos estrellas del rock o deportistas famosos, y ahora estamos sirviendo mesas, despachando en gasolineras... Nuestra guerra, nuestra gran lucha es espiritual". Son hombres del subsuelo, que se pegan haciéndose daño hasta el límite, para curtirse en el dolor, para entrenarse como revolucionarios que harán estallar los rascacielos de la gran ciudad, como los personajes protagonistas de la novela de *Los endemoniados* en san Petersburgo. El mismo Raskólnikov de *Crimen y Castigo* cree ser un hombre extraordinario, pero está paralizado por su culpa y su acto (el asesinato) nace del resentimiento hacia los poderosos. No podemos sino volver a citar en este punto a "nuestro" *Jocker,* todo un ídolo de masas, no por crear nada, sino más bien por ser símbolo del resentimiento colectivo.

Es el retrato perfecto de los jóvenes que han caído sin darse cuenta en la tentación de la fama, del éxito como modo de ser reconocidos por los demás (sucedáneo de ser amados), para terminar llenos de odio a su cuerpo, a su vida y a la de los demás.

Lo que no sabe Nietzsche es que el ocaso de los héroes-ídolos es un suceso universal en el que la víctima que se ofrece a sí misma en sacrificio es luego divinizada o convertida en pilar social. Esta víctima heroica, este *superhombre,* no tiene nada que ver con Cristo, arrastra a su altar de autoinmolación a todo el género humano en un ataque de rabia contra toda esperanza. He aquí el resentimiento colectivo del que hablamos, como una suerte de pulsión (auto)destructora.

Es como si se cumpliera la profecía de Cristo que duda de que *Belcebú* —príncipe de la violencia, la mentira y la división, pueda ser expulsado por Dionisio —el Hades— encarnado. Esta lógica expulsora preside la dialéctica materialista puesta en el candelero por el marxismo: la violencia como partera de una sociedad sin violencia. No es así, la historia demuestra que la violencia escala hasta los extremos, las tinieblas exteriores, decía Clausewitz. Hoy, en teoría política, en estrategia militar, ¡y hasta en videojuegos! Se habla de "fog of war", una niebla de guerra que ya estaba en esas tinieblas exteriores.

La impaciencia humana, la impaciencia nietzscheana frente al dolor es lo que nos hace abogar por huir hacia adelante en la afirmación de la voluntad de poder, en la voluntad de la voluntad heideggeriana o en la voluntad de saber faucoultiana, que tan de moda está hoy en día gracias al poder de la tecnología, hija de la todopoderosa ciencia, entendida como cientificismo.

Por eso podemos decir que Nietzsche, y con él todo el nihilismo posterior cae en la tercera tentación de buscar el poder y la gloria por el atajo de la compra-venta del alma. Hay algo del Fausto de Goethe en él, que vende su alma al diablo para conseguir el amor de Helena que le está vedado por la libertad de esta. Cualquier medio está justificado para realizar el proyecto mental de dominio sobre todas las cosas de cada hombre: económicas, políticas, psicológicas. De naciones contra naciones, de hombres y mujeres, cada cual contra su otro, de pueblos contra pueblos. La ciencia-técnica, el dinero y la razón instrumental, en natural simbiosis, pueden gobernar la construcción de un paraíso en la tierra. ¿Quién ostentará el poder si todos somos dioses? Tal vez el poder sea impersonal, algo así como una astucia de la razón hegeliana, terrible, pero eficaz. Su objetivo es superar los errores de Dios: creará un nuevo hombre transhumano, una nueva tierra-desierto para célibes por hastío en un cenobio de seres antinaturales, una nueva *polis* plagada de héroes aburridos como Aquiles a la puerta de su tienda sin entender por qué, a pesar de su divinidad y casi omnipotencia, no ha podido evitar la muerte de Patroclo. Lloraremos la muerte de los que nos rodean sin entender para qué han vivido.

Paradójicamente, la *piedra desechada por todos los arquitectos* postmodernos, parece haber seguido un camino contrario. La crucifixión de la mente (simbolizado en la corona de espinas que cumplimenta en Cristo el *Shemá,* incumplido por Israel que sucumbe a la idolatría adorando al *becerro de oro* que compra el ser) trae como resultado la superación de la desesperación asociada al dolor. La esperanza viva puesta sobre la victoria de Cristo contra la muerte y el sufrimiento, con su resurrección, hace soportable cualquier dolor —en coherencia con el dicho nietzscheano de que cuando uno tiene un porqué soporta cualquier *cómo*—. No amar a Dios con toda la mente implica, en primera instancia, la conciencia de que comprar el poder es apostar por violentar las cosas, desconfiar en la bondad de Dios, y por lo tanto someter a los hombres que se oponen en su libertad a mi poder. Ahí está la historia para demostrarnos las pretensiones totalitarias de todos los proyectos de la razón. Jesús hace ese recorrido y saca las conclusiones: no salva a los hombres tener poder, sino servir. Y servir es adoptar la condición de Siervo. La enseñanza de este pasaje de Mateo es que el que acepta la condición de Siervo, confiando en que éste es el proyecto divino, acaba siendo servido, aunque ese no sea el objetivo.

El crucificado, aceptando ser cordero —no como un acto cobarde, sino todavía más valiente y heroico que el de ser lobo— ha derrotado a la violencia dionisiaca, que pretendía reinar por el poder y la gloria.

La voluntad de poder nietzscheana es embriagante, prometeica, pero tal vez esconda la decepción: está reservada a unos pocos señores, aquellos que han sacado de sí mismos más arrestos y menos escrúpulos en la lucha por la supervivencia. El resto de los mortales no pueden acceder a ese vivir creando senderos en el desierto, privilegio de seres agónicos, divinos, calcos de Dionisio, que son todos los dioses chivos expiatorios de sus pueblos. Ese generar caminos de gloria y de fama supone, desde la perspectiva de Cristo, fuegos fatuos, que siembran de cadáveres las orillas de los desiertos en los que se refugian los hombres miedosos: las ciudades. Para los hombres "normales" el horizonte es el insoportable dolor de sentirse seres del subsuelo, que sólo aspiran a la cota de ser que los demás les dejan.

Para los que se van al desierto religioso la aspiración es la victoria sobre la muerte, la lucha contra el sinsentido. Buscan la posibilidad de ser sin ser, porque éste, el ser, les es dado gratuitamente en forma de sentido. Por eso se entiende la respuesta de Jesús al tentador:

«Dícele entonces Jesús: "Apártate, Satanás, porque está escrito:
Al Señor tu Dios adorarás,
y sólo a él darás culto».

(Mt 4, 10)

El culto a Dios, según Jesús, el nuevo Israel que ha sabido librar el combate contra la tentación, parece traer el descanso, la garantía de eternidad, la gloria verdadera; por eso descienden los ángeles y sirven al que supera la tentación.

«...Entonces el diablo le deja. Y he aquí que se acercaron unos ángeles y le servían».

(Mt 4, 11)

La eucaristía, que es lo que simboliza este "pan que baja del cielo" para alimentarle después de cuarenta días de hambre, es el fruto de la paciencia en el sufrimiento, de la confianza en la paternidad de Dios que no es un sádico que busca nuestro ascetismo flagelante, de la espera en que él actuará, en que todo es bueno y para bien nuestro. La eucaristía es el antídoto contra el veneno de la desesperación. La esperanza contra toda esperanza. La paradoja de este resultado final es que no era el objetivo esperado, ni el producto de una férrea moral voluntarista, ni el truco de un final feliz, sino el principio de todas las cosas, porque para esperar así hace falta la experiencia confiada en que el futuro se nos anticipa desde los testigos del pasado: le vieron partir el pan, le tocaron, y nos dijeron: "¡ha resucitado!", "¡vivid pues, también vosotros, tal como si ya lo hubierais visto y tocado!" esta experiencia radical no exime del combate en cada desierto. Es un contra culto al señor del mundo.

El culto a Satán, el tentador, que profesan los hombres-filósofos futuros, la "nueva estirpe de tentadores", no trae la libertad sino el deseo mimético, la competencia horizontal, la lucha por el territorio real o simbólico, el miedo al otro que exige con violencia ser servido. No se trata de un discurso religioso, sino antropológico. La rivalidad mimética inevitable entre esa estirpe de tentadores, dioses en competencia, ya sabemos cómo termina. Si tan sólo se destruyeran entre ellos... el peligro es que la historia demuestra que siempre encuentran a un pobre y débil chivo expiatorio, inocente, sobre el que descargar su descontento y su impotencia. Todavía quedan kurdos, armenios, judíos, cristianos, (súmense todas las víctimas que en el mundo han sido) suficientes sobre los que puedan descargar su rabia y expiar sus errores.

No obstante, no cabe el pesimismo victimista. Es algo que solo el cristianismo profetiza: ser es *ser perseguido*. Tomar conciencia de esto en el desierto puede ser durísimo, pero hay que repetirlo: ser es ser perseguido. Es el momento de (no) salir corriendo. Mejor las manos encadenadas que la voluntad, escribe Franz Jägestätter, desde la prisión. Mallick lo retrata en la conmovedora película "Vida oculta" (2020), la historia de un hombre sencillo, converso a la fe católica, mártir por no jurar a Hitler.

Hay esperanza. Esto también hay que repetirlo: una Esperanza, con mayúscula, que no defrauda. La esperanza en Dios no defrauda (Romanos, 5:5). Para salir con vida buena de este desierto hay que entender bien qué es esto de la esperanza cristiana, a menudo relegada, con resignación, a aquello que es lo último que se pierde. La esperanza no se deposita en que todo pase, o en que algo se arregle, o se le dé reconocimiento, más bien se trata de aceptar no ser para ser, que todo se destruya para que todo sea reconstruido.

Las murallas de Jerusalén caerán. Los reyes de las babilonias de este mundo parece que triunfarán -aunque todos han muerto de éxito, pero la esperanza no es el consuelo religioso, la recompensa en un más allá en que reinará la justicia, sino el vivir ya aquí con alegría la promesa de eternidad. No en el éxito, la fama, el poder y la gloria que ofrece el Satán en la tercera tentación, sino en el fracaso de la cruz. La visión infantil de un reino más allá como recompensa de un más acá sufriente no es el resultado de una credulidad fantasiosa, o de la medalla autoimpuesta por haber librado bien el combate de la pureza, del compromiso, alineados con un Dios amigable y bueno ante el cual nos hemos mantenido impecables. La vida eterna no es el caramelo final por habernos portado correctamente, sin grandes pecados. Creer en la vida eterna es vivir ya prefiriendo a Cristo que a todo lo demás. Esperar es vivir de la eternidad. Si Cristo ha resucitado, esa experiencia que nos cuentan los testigos de generación en generación, por la que tantos han vivido dándose a sí mismos, es fiable, merece la pena experimentarla, porque a pesar o mejor, gracias a su atarse a la cruz han sido los más felices de los hombres. Los que, huyendo de ella, como "alma que lleva el diablo", pecando o legitimando experiencias con leyes inicuas, lo único que han hecho ha sido multiplicar el sufrimiento, diversificarlo, parece que disiparlo para que luego, tras su aplazamiento, vuelva con más fuerza y capacidad de destrucción.

Creer en la vida eterna, es vivirla y esperarla. Esperar con esperanza, diríamos parafraseando a Laín Entralgo. No es una manera de evadirse, como nos imputaba el marxismo, ni de refugio de las almas débiles como nos achacaba Nietzsche, ni habitar mundos imaginarios como pretendía Freud, ni remitirnos a un mundo transhumano como nos promete la tecnociencia. La vida eterna presente, nos invita, por el contrario, a tomarnos la vida en serio, a evitar la alienación y la mentira que nos contamos, dándole a las cosas su valor adecuado, deshinchar los egos, las fantasías de la fama, la sed de dominio y de riqueza, la voluntad de poder y de saber.

El tema está en que mientras pensemos que no hay más que lo que hay, no hay quién nos salve. Si la teología se reduce a antropología, sólo un "sálvese quien pueda" pragmático, darwiniano, tiene sentido. Sólo se puede entender la paciencia cristiana, su esperanza en la adversidad, y su trabajo pacífico por cambiarla, su marchar al desierto, si el hombre se ve a sí mismo como un hombre para siempre. Theodor W. Adorno, desde su quejumbrosa falta de fe, entiende perfectamente que, si no hay vida eterna, si no hay un juicio final, nada tiene sentido.

Se comprende que volver al desierto, en el sentido ascético cristiano, no es una huida, es más bien un "adentrarse" que urge. *Noli fore ire, in te ipsum redi* —escribe san Agustín— (no salgas de ti mismo; vuelve a tu interior), *in interiore homine habitat veritas* (en el hombre interior habita la verdad).

Revisa si, en efecto, este desierto interior ha significado un adentramiento; un espacio de soledad y silencio, donde aprender a escuchar; un lugar ciertamente de purificación, de despojo, de expulsión —al menos momentánea— de riquezas materiales, comodidades y pequeñas seguridades humanas; si ha sido lugar de encuentro con la propia vulnerabilidad; si ha habido en ti batalla; si ha habido vaciamiento *(kenosis)* para que surja la vida nueva; y, por supuesto, si en ello has reconocido, o al menos atisbado, que Dios te ha hablado al corazón ("Por eso la atraeré: la llevaré al desierto y hablaré a su corazón"

—Oseas 2, 14). En lugar de "la llevaré al desierto", algunos exégetas proponen otra traducción, que sería más fiel y que en verdad sería "la haré desierto". Sugerente. Como si estuviera expresando la forma en la que el Señor nos hace desierto a cada uno.

En cualquier caso, y de la misma manera que los buenos libros te leen a ti, ojalá que, en mayor o menor media, "esta experiencia", te haya hecho desierto. Solo así, dejándote hacer, es posible recorrer un camino exigente, pero posible: el de la esperanza. Esperanza que no significa proclamar ingenuamente que "todo irá mejor mañana". Solo Dios sabe. Hablamos de esperanza en la cruz. Porque ni el mal ni la muerte tienen la última palabra. Casi nada.

Has venido al desierto. Eso ya es un hecho. Afrontadas las tentaciones, ahora ya deberías intuir por qué y para qué has venido. No parece que sea para hacer una tienda y quedarte en él, ni para replegarte sobre ti mismo y tu miseria, ni para lamentar el presente o celebrar nostálgicamente el pasado. Si es cierto que este es un lugar de tentación y de Gracia, tal vez resulta que estás aquí para ofrecerle algo a un mundo, que sí, está en evidente desintegración. Algo que no viene de ti, pero que sin ti no puede realizarse. Y todo eso sin ser infrahombre ni superhombre. Qué paradoja.

En tu mano está aceptarlo desde el vaciamiento total, sometiendo a ese último hombre que vive en ti, ese que, acomodado, es uno de los símbolos más palmarios de la decadencia humana; ese que no tiene ambición alguna, ni profundidad, ni capacidad de sufrimiento; ese que ha renunciado a levantar la mirada del suelo y que, al final, se desprecia a sí mismo.

En cambio, el hombre que ha pasado por el desierto y que, sobre todo, ha dejado que el desierto pase por él, ya no es el último, sino el primero; el primero en reconocer que ya no vive en él, sino que es Otro el que en él vive. Y que, por lo tanto, vive la eternidad, dándose, entregado a la lógica del don, donándose, sabedor de que todo lo que no se da, se pierde.